ヨベル新書
101

「生きる」をいつくしむ

ガリラヤに生きたイエスの「共食と共生」

山口雅弘［著］

YOBEL,Inc.

まえがき

ウクライナの悲劇とひまわり畑

2022年2月24日、「ウクライナの悲劇」が始まった。ロシアによるウクライナ軍事侵略である。歴史上のあらゆる戦争は、人の唯一無二《ゆいいつむに》の「尊厳ある命と人生の未来」を奪い、さらに歴史や伝統、文化や芸術、家屋や自然などを破壊してきた。戦争は「日常そのもの」を滅《ほろぼ》す「暴力」の極みであると言えよう。

ウクライナへの侵攻は、独裁者プーチンの暴挙《ぼうきょ》による。その現実に抵抗できない側近や軍人の「黙認と追従」が戦争を激化《げきか》し、「宗教」の権威者たちもプーチンを支持する。多くのロシア人も、報道規制の中で残虐な殺戮《さつりく》と破壊を知り得ても「黙認」している。黙認は人を「黙認の加害者」にしてしまう。

プーチンは戦争開始直後に、政治的宣伝（プロパガンダ）を始めた。戦争で「死ぬこと」を「美化」し、死後に神のもとに行けるという信仰とイデオロギーを至る所で主張してきた。その後、ロシア正教会で厳《おごそ》かな「クリスマス礼拝」をささげていた時（ユリウス暦２０２３年１月７日）、プーチンは胸で十字を切って祈り、彼の盟友キリル総主教は豪華《ごうか》なガウンを着てメッセージを語った。その礼拝をささげる最中《さなか》にも、ウクライナへのロシアのミサイル攻撃や砲撃の音が鳴り止まなかった。

キリル総主教は礼拝で、兵士とロシア人に「あなた方の犠牲の死は報《むく》われ神のもとに行き、キリストの十字架の死によってあなた方の罪が赦される」と語った。これは「正統的キリスト教」が堅持《けんじ》する信仰的核心の一つである「贖罪《しょくざい》信仰」に極めて似ている。その後、彼は「贖罪」の教えに基づき戦争を正当化し、多数の司祭が集まる礼拝堂でロシアの軍事侵攻を「神の定め」による「聖戦」であると言い切った（２０２４年３月）。ウクライナの抗戦も激しさと憎悪の連鎖を強め、両国の戦いは兵士や年齢・性別を問わず庶民の「いのちの尊厳と人権」、また「生存権」を奪っている。その不条理は消しようもない現実である。

以上を見ても、社会的権力者やその体制による「社会悪」と、宗教権威者が教える信仰の価値基準に基づく「宗教悪」とが不即不離《ふそくふり》に結びついた「社会悪と宗教悪」の暴力であると言う他ない。

現在、イスラエルによるガザ地区への攻撃も激化して止まない（２０２３年10月７日開始。歴史的には１９４８年からパレスチナ人殺戮《さつりく》が始まっている）。かつてナチス・ドイツは、「民族浄化《じょうか》」

のプロパガンダのもとにユダヤ人のみならず少数民族、性的少数者、心身に不自由を持つ「600万人以上！」の人びとを大虐殺《だいぎゃくさつ》した（ホロコースト）。その地獄を経験したユダヤ人は今、ガザ地区で多くの幼児と共に無差別のパレスチナ人殺戮《さつりく》を止めようとしない。ミャンマーでも、政府軍と少数民族との戦争は激しさを増している。

ロシアのウクライナ侵攻《しんこう》やイスラエルのパレスチナ・ガザ地区での大虐殺、またミャンマー政府軍による殺戮《さつりく》の中で、逃げ場のない一般庶民、また赤子や子どもたちが殺され傷つき血まみれになっている。その姿を見ると、「なぜ人間は、愚《おろ》かにもこんな戦争を続けるのか！」という心引き裂かれる思いになる。同時に正直に言えば、イスラエルやロシアまたミャンマーの軍事政権によって傷つき殺されていく人びとの抗戦と憎悪の連鎖《れんさ》が強まるのも無理がないと思えてくる。

にもかかわらず、残虐な攻撃と報復の戦いを続ける当事国の兵士、また年齢・性別を問わず庶民の「いのちの尊厳と人権」や「生存権」が毎日奪われ殺されている。この不条理もまた消しようもない現実である。

第二次世界大戦後、ウクライナを舞台に映画『ひまわり』が製作された。映像は、旧ソ連軍による戦闘で引き裂かれた人びとを描き、その地がヘルソン州だったと言われる。現地の人びとは、地平線にまで広がるひまわり畑がその地に埋められた無数の兵士や民間人の「墓標《ぼひょう》」である、と伝える。そのひまわり畑も現在、ロシア軍の砲撃で破壊された。しかし、諸宗教の「平和を求める祈り」に「共生と共存」を求める非暴力の実践が伴《ともな》えば、いつの日か新たなひまわりが芽生え、陽に輝き、いのち溢《あふ》れる「ひまわり畑」を生み出す「希望」に繋《つな》がると信じたい。

本書の表紙は、ウクライナのヘルソン州で写した「ひまわり畑と虹」の写真を用いたと聞く。この写真を見ながら、私は今できる実践をし、今言わなければならないことを表明しないと旧態《きゅうたい》依然《いぜん》のままになると思い、自分が生きる現場で私自身の課題の一つを担って執筆を続けている。

贖罪とカルト・オブ・デス

諸国の政治学者や宗教学者、また死生学者は、自己犠牲の死を崇拝するイデオロギーを「カルト・オブ・デス／死の崇拝」(Cult of Death) であると指摘する。自己犠牲の死を人に強いる戦争は、「社会悪と宗教悪」による「カルト・オブ・デス」を示すと言えよう。歴史に現れた権力者や宗教者による「犠牲の死の正当化」、その「美化」と「神学化」のもとに行われる戦争は、「社会悪と宗教悪」による「カルト・オブ・デス」の思想を示している。社会や宗教の権威・権力者が利用するイデオロギーにもなっている。犠牲死を強いられる人も、そのことを受け入れてしまう状況も生まれる。

キリスト教もまた、「キリストの十字架の死」は「人の罪を赦す犠牲の死」であり「神との和解」をもたらすと教える。さらに、死を賭《と》して人を救うことが「美化」される小説や映画になり、その宗教的教えによる事件も起き、また残忍な事件も起きている。例えば、2001年に米国の二棟《むね》の世界貿易センタービルに二機の飛行機が突撃してビルが全壊した。3000人近くが死亡、25000人以上の人びとが負傷する大惨事になった。多数の消防隊員や警察官も殉職した。その犠牲者の中で一人の司祭の「生と死」が注目され、その死が「自己犠牲の死」として語られ、記念碑に彼の名と言葉が刻まれている。彼がそのことを望んだかどうかは疑問である。すべての犠牲者に固有の「生と死の物語」があり、家族や友人もいる。この現実を注視すれば、特定の人の生と死の取り上げ方によっては、「死の崇拝や美化」に結びつく。

同時に、「なぜ」米国がテロの標的になったのか、「なぜ」この戦いを「聖戦」と呼び自己犠牲の死をも厭《いと》わずビルに突撃した人びとがその惨事を犯すに至ったのか、そのことを問う人は少ない。

かつて、神風特攻隊の青年や兵士たちを戦争に駆《か》り立て「犠牲の死」に追いやった権力者は、戦死者を「英霊」と呼び、現在も「神格化」して靖国神社に祀《まつ》り参拝する。戦時下における「靖国で会おう」と叫ぶプロパガンダは、「天皇やお国のために死ぬ」ことを推奨《すいしょう》し、水盃《みずさかずき》を飲む若者たちは自己犠牲の死を遂《と》げさせられた。仏教やキリスト教諸派、国家神道に基盤を置く靖国神社を含む諸宗教は、戦争協力を惜しまなかった。

憲法学者の齋藤小百合さんは新聞紙上で明確に危惧《きぐ》を表明する。「戦力の不保持をうたう9条、厳格な政教分離を定めた20条……は、空洞化し……軍事化の道」を進んでいると。同じ紙面で、哲学者の高橋哲哉さんは指摘する。「軍国主義の精神的支柱として国民を戦争に動員する役割を果たした」靖国神社に自衛隊が集団参拝したことは、「戦前」の日本との「連続性を断ち切れていない」ことを示す、と（「朝日新聞」２０２４年3月21日に同時掲載）。現実に沖縄の宮古島では、２０２４年1月に神社への集団参拝が行われた。宮古島伝道所牧師の坂口聖子さんは、島に駐屯する自衛隊ミサイル基地の警備隊長や幹部隊員約20名が制服姿で公用車に乗り、宮古島神社に集団参拝したと言う。また、宮古島を含む琉球諸島が戦場になるという危機感をも表明している（「日本基督教団部落解放センター通信」32号、巻頭言）。高橋哲哉さんは、これまでも自己犠牲を強いる「犠牲のシステム」について的確に語ってきた（『犠牲のシステム 福島・沖縄』、他）。齋藤小百合さんもまた、憲法学者として自分の生き方を示すように「戦争を起こさないために」何をすべきかを真摯《しんし》に問い、憲法九条を軸《じく》に憲法全体を捉《とら》え直し、次のように鋭く主張する（「〝暴力〟に抗うということ」『福音と世界』２０２４年8月号）。世界の様々な「暴力」の現実を指摘して「憲法九条を真剣に考え、活かしていく」、「これに尽きる」と渾身《こんしん》の思いを込めて言う。

さらに小出裕章《こいでひろあき》さんは、京大で定年退職するまで原子力研究の専門家として原発の恐ろしさに警鐘《けいしょう》を鳴らし、利益追求のために原発推進をする「原発マフィア」と政治家を厳しく批判し続けてきた。また特に憲法25条（すべての国民の生活権の保障）、同13条（個々人の尊重）と14条（法の下による平等、人種、信条、性別……などあらゆる条件による差別の否定）の重要さを主張しつつ、「憲法」の具体化を求めて「私は……『平和憲法』を護るという前に、先ずは実体化させたいと願う者」であると自らの旗幟《きし》を鮮明にしている（特に『地震列島の原発がこの国を亡ぼす』290～292頁）。以上の論考と主張は、「平和」実現のために私たちの生き方の変革を求める促しである、と受けとめたい。

現代の政治家は毎年、戦争犯罪者をも合祀《ごうし》する靖国神社に集団参拝している。為政者《いせいしゃ》がなすべきことは、国民の願いに沿って二度と戦争をしない、加担しない、死傷者を生まないことである。そのことが、ご遺族の哀しみに報いることであろう。逆に、軍事力強化と憲法「改正」の画策《かくさく》は、カルト・オブ・デスの思想による「自己犠牲の死の正当化」を示す。

「社会悪と宗教悪」の結びつき

人間は「なぜ」、歴史を通して戦争を繰り返すのか。戦争は殺傷《さっしょう》と破壊のみならず、女性への性暴力や略奪を行ってきた。戦争や暴力は、「共生」すべき私たちの間に分断と対立、憎しみと敵意、攻撃と報復、恐怖と精神的不安定など、癒《いや》しがたい傷跡を人びとの心に刻む。私たちの日常にも差別やいじめ、虐待などの暴力が様々な要因で起きている。理不尽で残酷な暴力は、人の「生存権」をも奪い「非人間化」してしまう。

ガリラヤに生きたイエスは、以上のような「社会悪と宗教悪」の暴力に抗《あらが》って生きようとしたことを本書で明示したい。とりわけ社会や宗教の権威・権力者に「社会的弱者」にされて苦しむ人の「生きる」ことをいつくしむがゆえである。その「結果」が、ローマの極刑だった「晒《さら》し柱《ばしら》」（通常「十字架」と言われる。原語は「木の杭、棒」を示し形状も様々）による処刑死だった。彼は、「政治犯の一人」として「惨殺《ざんさつ》された」のである。

イエスは、「犠牲や殉教《じゅんきょう》」の意識と自覚を持たず、自己犠牲の死によって人の罪を赦し救うとも語っていない。ヨハネによる福音書9章1節以下の「生まれつきの盲人の癒し」におけるイエスの「罪からの解放」宣言も、ルカによる福音書7章36節以下にだけ語られる「罪深い女」と呼ばれる人に「あなたの罪は許された」（38節）と語った断言も同様である（五章一の3の「罪の赦しと権力者への批判」）。この宣言や断言は、律法の価値基準によって「罪や汚れ」と規定された「罪」を無条件で否定し、「罪」の呪縛《じゅばく》からの「解放」を示す。同時に、「人間性」を否定されていた人が社会の中で「生きていける存在」であることを「肯定」し、「受容《じゅよう》」し、「共生」を語る文言《もんごん》である。イエスの宣言は、その一人ひとりの「生きる」をいつくしむ生き方になった。「生きる」ことを「受容・肯定」された人の経験は、「感謝」し切れない出来事になっただろう。

後述するが、神に「いのちの尊厳」(「神の似姿《にすがた》」)を与えられ創造された「イブとアダム」の物語は、「土の塵《ちり》」で創造され「過《あやま》ちや罪を犯す存在」であるという古代人の「人間観」を示すだろう(三章)。その物語が語るように、私たちが犯す「過ちや罪責《ざいせき》」を自ら担って自立・自律的に「失楽園」のような現実に生きる一人ひとりを、イエスは「肯定・受容」し、「生きる」をいつくしみ合う生き方を示す。その意味でも、キリスト教で主張される贖罪信仰の「罪の赦し」、他の人の犠牲によって自分の罪が赦され「救い」に生かされ「神との和解」を与えられるという信仰の教えとは異なる。イエスの死の「美化」や「贖罪信仰」は、彼の死後に現れたキリスト者・キリスト教が次第に信仰的「意味づけ」をし、「神学化・教義化」した教えであるとしか言いようがない(後述。また筆者の『ガリラヤに生きたイエス』をも参照)。

本書の課題

本書の執筆目的と課題は、私たちが社会や人間関係において相互に「生きる」ことを大切にし、その生き方を前向きに模索《もさく》するキッカケになればとの願いに基づく。というのも、イエス時代と同様に現代においても、社会体制や宗教の教えなどによる深刻《しんこく》な暴力と諸悪に満ちているからである。また本論での主張は、聖書学や歴史学また社会学などの学びと共に、「人間学」の視点からの「推測」に基づき課題の探求をするものである（一章）。といっても、「人間学」は西洋哲学などで論じられてきた学問分野の一つで、「人間とは何か、その本質とは……」という問いに結びつく分析と実証的研究によって答えようとしてきた。「キリスト教人間学」という研究もあるが、「イエスの実像」の探求に結びつく論考や著書は稀有《けう》である。また「推測」に基づく探求と言うと、司祭や牧師、学者から学問的根拠はないとの批判を受け、黙殺《もくさつ》されるかもしれない。

　本書の課題の探求において、聖書学や歴史学、考古学、社会学、比較文化人類学などによる分析と先行研究に学ぶことは不可欠である。同時に、「人間学」の視点を持ち、人間と歴史についての洞察力《どうさつりょく》、観察力と想像力によって研究し推測することを欠かせない。そのことを前提にして、「人間学」の視点を忘れずに、と言い表しておきたい。その上で、イエスの「実像」を当時のガリラヤに生きた人びとの実態との関わりで探《さぐ》ることを試みたい。イエスをめぐる諸伝承を可能な限り緻密《ちみつ》に分析し読み解く努力をし、「歴史に生きた生《なま》の人間」を見る視点を持ちイエスと人びとの「実像」に迫りたいと思う。

　イエスとその時代に生きた人びとの現実を見るにつけ、私たちの周囲や社会の状況においても、人を「死ぬ」ことしか考えられなくし、「生きられなくする暴力」に満ちていると思わざるを得ない。強いられた悩み苦しみ、差別や排斥などで踏みにじられる人をさらに「非人間化」する現実がある。その現実を「黙認」し、私たち自身をも「黙認の加害者」にする。また、苦しみ悩む人をますます「生きる」ことに向き合えなくしてしまう。

その状況の中で、一人ひとりが欠けや弱さを「受容」し合い、たとえ少数であっても「共に生きる」人がいれば、「生きる」ことを前向きに考え積極的になれる可能性が拓《ひら》かれるだろう。社会や人びとの中で、もっと心豊かに「生きる」ことが可能な道を生み出せるだろう。社会の在り方や人を「非人間化」してしまう現実を黙認する生き方を変えることもできる、と私は思う。

以上のことを念頭《ねんとう》に置き、諸福音書が「民衆の物語」として語り伝えたイエスの生き方と思想、また紀元1世紀の「ガリラヤ」という場に生きたイエスと人びとの「実像」を探求する試みが、本書の執筆目的と課題である。

イエスが苦しむ人を「憐れむ」と語られる言葉

イエスの生き方と思想を探求する際に、「非人間化」されて生きる人をイエスは「憐《あわ》れむ」、と諸福音書が語ることに注目したい。その際に、沖縄に生きる友人たちが語っていたことを忘れることはできない。「沖縄の人は、歴史を通していつも強いられた〝被害者〟であり続けてきた」と。ごく最近も、米兵の沖縄の女性への性暴力事件を、日米の為政者が隠蔽《いんぺい》していた事実が明るみに出された（2024年）。沖縄の人びとは、憲法の根幹《こんかん》である「主権」をも奪われているのだ。さらに沖縄の人びとは言う。「沖縄の住民が〝加害者〟でもあり続けてきた。基地を飛び立つ米軍の飛行機を毎日見て、そう言わざるを得ない」と。このように沖縄に生きる人びとに言わせてしまう「本土」に生きる私たちの罪責《ざいせき》を問わずにはおれない。

諸福音書が「飼い主のいない羊のような有り様」で生きざる得ない人をイエスは「憐れむ」と語ることも（マルコ6・31、他）、「共感・共苦」の生き方を示した姿が語られるのも、本書の課題に深く関係する。「憐れむ」という言葉は「いつくしむ」と同義語で、沖縄の言葉の「ちむぐりさ」に最も近いと思う。強者や加害者によって苦しみを強いられる人と共に痛みや哀しみをも「共感・共苦」して生きることを「ちむぐりさ」は示す（後述。七章三の1「イエスの憐れみ」）。

イエスは、人を「非人間化」する社会において「非暴力」で諸悪に抗い、強いられた苦しみを負う人の「生きる」ことをいつくしみ、人は前向きに「生きていける存在」として「共生」を求めて生きた人である。そのイエスの生き方と思想は、大阪の釜ヶ崎で日雇い労働者や路上生活者と共に生き、聖書を読み直す本田哲郎司祭が言う「福音を生きる」ことに重なる、と私は理解する。

人の「生きる」を「いつくしむ」イエスの生き方と思想は、とりわけ「社会的弱者」にされている人の「人権と生存権」、また「命と人生」を奪う「社会悪と宗教悪」に抗う生き方に結びついている。そして「最も小さい者」（マタイ25・40）にされる人に向き合うイエスの「共感・共苦」の生き方（憐れむ・ちむぐりさ）、また「共食と共生」の具体化に繋《つな》がっている。その生き方は、社会悪と宗教悪の「暴力」に抗うことに結びついていた。このことが、本書を貫く通奏低音のように響いていることを示したい。

「黙認の加害者」にならないために

そこで忘れてならないことは、私たちがいつでも「強者」になり、「黙認の加害者」になる愚《おろ》かで「過ちや罪」を犯す者だということである。強者は加害の事実に無自覚になり、被害者はその差別や非人間化の現実に傷つき決して忘れないだろう。その認識と自覚のもとに、私たちは「共生と共存」を求め、「福音を生きる」ことが今こそ求められていると思う。

本書において、これらの課題と取り組む際に——、

一章で「人間の実態」を求める「人間学」の視点について述べ、

二章で「共食と共生」の具体化の課題を明らかにし、

三章では、その前史になる「イブとアダム」の生き方に触れるつもりである。「神の戒め」を破ってまで、「禁断の実」を共に食べる「イブとアダム」の相互に自立・自律的で「共生」する在り方に注目したい。さらに、人びとを分断し、差別・排斥し、「人間性」を否定するユダヤ教律法の教え、また「原罪」の信仰と教えを批判的に見ておきたいからである。

四章では、ユダヤ人の食習慣や文化、タブーの規律が「なぜ」生まれたか、その「価値基準」に抗う「イエスの実像」を求めたい。

五章からは、イエスの言動の具体性に踏《ふ》み込んで探求するつもりである。

ただし、イエスが示した「共食と共生」の実践は、言うほどに容易《ようい》ではない。そのことを自覚しつつ、私たちがイエスの生き方と思想を継承《けいしょう》し実践して生きる課題になることを求めて、本書のテーマに取り組みたい。暴力による「非人間化」が日常的に溢れているのに、私たちはその現実に「無関心」に、また無自覚に「黙認」して生きていけるからである。問題が山積する社会においてこそ「希望の未来」に向かう課題を分かち合い、私たちの学びが「机上の議論」で終わらないようにと心に刻み執筆を進めたい。

「生きる」をいつくしむ
ガリラヤに生きたイエスの「共食と共生」

目次

まえがき　3

第一章　「人間の実態」を見る視点　31

第八章　イエスの「遺言」――ホスピタリティ　213

第一章　「人間の実態」を見る視点

一　「人間学」の視点から

歴史に生きた「人間の生《なま》の姿」

イエスの生き様を語る出来事は、「ガリラヤ」（現在のイスラエルの北方）に生きていた人びとが語り継いだ「民衆の物語」である。各福音書の著者は、様々なイエスについての「民衆の物語」伝承を各自が独自の視点と歴史観、また信仰と神学的主張によって修正を加えて再録《さいろく》し福音書を作成した。それだけに、福音書の各物語に登場する人物は、伝承されてきたイエス物語をさらに修正・加筆・編集しドラマ化されているので読み解く際に注意する必要がある。

同時に、物語の分析を通して歴史に生きた「人間の生の姿」を探求すると、当時の人びとが「なぜ」強《し》いられた辛い経験をしなければならない「哀《かな》しい存在」なのかを知らされる。この物語が、現在も理不尽な「社会悪と宗教悪」に踏みにじられている人びとの哀しみや苦しみに重なり合う気がしてならない。同時に、歴史学者の磯田道史《みちふみ》（1970 - ）さんが「歴史は繰り返さないが、韻《いん》を踏む」（西洋の諺。「トム・ソーヤの冒険」の作者マーク・トウェインの言葉とも言われる）を引用して強調するように、人間の歴史はまったく同じことを繰り返さないが、類似《るいじ》する事態は起

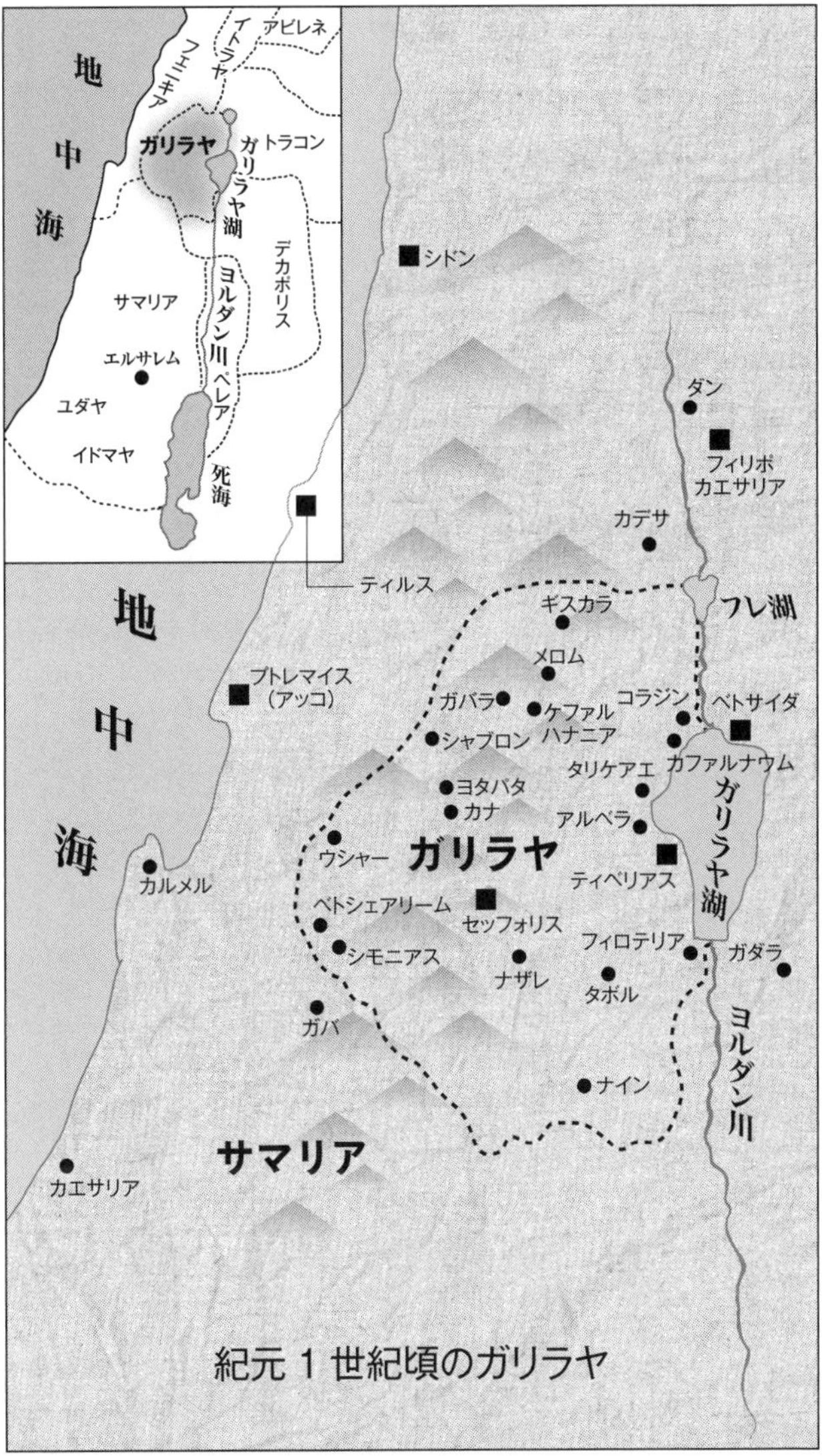

紀元1世紀頃のガリラヤ

こり得る（韻は踏む）、このことを心に留めたい。

また、イエス以前から権力者は多くの人びとを処刑した歴史が「韻を踏む」ように繰り返され、イエスはその犠牲者の中の「一人」であった。そのイエスの歴史的事実としての「死」を、後のキリスト教権威者が「諸信条や使徒信条」を作る際に、キリスト論的に「意味づけ」、「神学化」し、そのためにイエスの実態と現代に至るキリスト教の教えとの間に大きな違いが生じていると言わざるを得ない。

私はこれまで、教会や社会において多くの人が抱《かか》える苦しみや哀しみに出会ってきた。心身の病や不自由さのゆえに、また社会的にも宗教の教えによっても偏見・差別に打ちのめされ「死にたい」と叫ぶ心の「声」を聴いてきた。家庭内暴力で食器が飛んでくる壮絶《そうぜつ》な修羅場《しゅらば》でどうしてよいか分からず右往左往《うおうさおう》したこともある。さらに深刻なことは、社会の周縁で弱くされている人びとの間にも「強者―弱者」の力関係が生じ、「弱者」にされた人を差別・排斥する状況が見られることである。そのことによって、その人びとがさらに社会の淵《ふち》に打ち捨てられる哀しい現実が起きている。

その現実において私たちは、今こそ「共生」する者であることに心を向けたい。人との出会いと触れ合いによって、また何気ない「行い」や「ことば」によって生きる勇気を与えられ、人は前向きになれることもある。一緒に飲み食いをし、他では得難い出会いや会話の「一時《ひととき》」を分かち合い、人生の転機《てんき》を与えられる人も少なくない。私たちは各自が生きる現場で、社会体制や宗教などによる諸悪を認め、黙認せずに、事の大小を問わずそれらに抗って生きることが求められているだろう。

「人間学」の視点を忘れずに

私たちは、諸福音書の物語が語る「人間」を無意識に現代人の視点に基づき想い描いているのかもしれない。そのことを自覚し、各時代の社会体制や経済の仕組みの中に生きていた「生《なま》の人間」の探求に務めたい。

というのも、これまでの聖書入門、注解書や神学専門書、説教集などで、語弊《ごへい》を恐れずに言えば、従来の「正統的神学や信仰」また教派的神学の枠内で護教的に描く「イエスと人間」を語るものが多いと思うからである。神学校でさえ同じであると思えることが多い。その結果、歴史と人間について触れる神学者・研究者、また宗教指導者や教育者はいても、イエス時代の歴史やガリラヤの現実に生きたイエスの生き方と思想、また苦しみ・哀しみを強いられていた人びとの「実態」に踏み込んで「人間学」の視点を持って発言・執筆する人は少ないと思う。そのために、「社会悪と宗教悪」に抗うイエス、その生き方に希望を与えられて新たな一歩を踏み出す人びとの「生の人間像」も見えにくくされている。

聖書に登場する人びとは皆、切れば血の出る生きた人間である。私たちと同様に「哀しい存在」であると同時に、「共に生きていける存在」である。そうであればこそ、イエス時代の「ガリラヤとローマ・南ユダの社会」に生きていた人びとの現実を、「人」を見る「観察」と「人間学」の視点に基づいて探求することが求められる。この課題は、当時の人びとがガリラヤの社会や宗教体制と経済システムの中でどのように生きていたかを、社会学や歴史学などあらゆる研究分野の壁を越えて学ぶことを抜《ぬ》きにはできない。聖書に登場する人びとがどのような家に住み、何を食べ、飲み、歌い、踊り、笑い、苦しみ、泣き、またガリラヤが位置する北イスラエルの宗教伝承を語り継いで生きたか。自ら育てた作物を「なぜ」食べることができず、「飼い主のいない羊のような有り様」(マルコ6・31、他)にならざるを得なかったか。多くの人が、社会や宗教の「価値基準」に基づく「非人間化」の差別によって打ち捨てられていたか。これらの探求に基づき、イエスは「神の愛と赦しに生きた」と言うだけに留まらず、歴史の現場で「ガリラヤに生きたイエス」が暴力に抗う革新的な生き方をしたことを新しく受けとめる必要があろう。

従って、私たちの探求の課題が、イエス時代の歴史や社会の現場とは異なる理解困難な「天上の神学」にならないように注意したい。聖書学や歴史学、考古学、社会学、比較文化人類学などと共に、歴史に生きた「人間」の実態と生の姿の探求に結びつく「人間学」の視点を忘れずに執筆を試みたい。その点で、上村静さんの的《まと》を射《い》た次の主張に私は共感する。「聖書の著者たちは、それぞれ自分が生きている時代という制約の中で、人間を、世界を、今を観察し、人間のあるべき姿、すなわち将来を展望したのである。彼らが知っているのは人間であり、人間について洞察した」と（『旧約聖書と新約聖書』7〜8頁）。また「イエスも…… 〝神〟について語ることで〝人間〟について語っている。〝神学〟とはその本質において〝人間学〟なのである」と（同書347頁）。従って前述したように、その「視点」と学びに基づく「人間」を見る「洞察力、観察力と想像力」が求められる。

自己矛盾の自覚

私はこれまで、様々な形で「社会的弱者」にされている人びとについて述べ、被差別者の間にも「差別―被差別」の関係が生じている現実を見過ごせないと語ってきた。「被差別者」や「社会的弱者」にされている人の「いのちの尊厳と人権の回復」を求めて主張や実践をしてきたつもりである。しかし、私は無自覚にも「強者」の側で考え、イエスの生き方と思想を本当は具体化せずに生きているという自己矛盾を認めざるを得ない。

半世紀以上も前に、連れ合いの里子さんが私に言ったことを肝《きも》に銘《めい》じている。人の「足を踏みつけている人（主に男性）は、踏まれている人の痛みを知らないし、知ろうともしない……」と。これを聞いて思った。加害者が人を「踏みつけている」現実に気づき「人生の方向転換をする」

（キリスト教で言う「メタノイア＝悔い改め」を示す）ならば、その痛みに「共感・共苦」して共に「生きる」をいつくしみ合う世界を拓いていけるだろうと。このことを私は頭で理解できても、現実には身近な場で「足を踏みつけている強者」の一人としての自己矛盾を今も払拭《ふっしょく》できていない。私自身を含めて「加害者」である「自分の自己矛盾」を、私たちは真摯に問い直しているだろうか。

沖縄の人が自らを「加害者である」と激白《げきはく》しているのに（「まえがき」の〃イエスが苦しむ人を「憐れむ」と語られる言葉〃を参照）、本土に生きる私たちは琉球列島が米軍の基地にされていることを黙認して日常的に生きていいける現実がある。沖縄のみならず、九州の佐世保や神奈川県横須賀の港が米海軍の基地として強化され（横須賀は原子力空母や潜水艦をも含む）、岩国や横田など北海道千歳に至る全国に米軍基地が存在する。各地の米軍基地周辺の住民は、米兵に危害《きがい》を加えられる事件が多発していても、日米の為政者は公けにしてこなかった。私たちもその暴挙《ぼうきょ》を許す「加害者」になっている。その「自己矛盾」を認識しているだろうか。それでも日本の為政者は、2025年度の防衛（軍事）予算を過去最高にしようと画策《かくさく》している。その為政者を選ぶのも私たちである。

しかし、この現実に向き合い、「いのち尊厳と人権の回復」と共に「生きる」をいつくしみ合う生き方とその自覚を忘れずに本書のテーマに迫る試みをしたい。

「命は地球よりも重い」か？

かつて日本赤軍《せきぐん》による日航機ハイジャック事件が起きた（1977年）。犯人が要求した機内の人質と獄中の犯罪人との交換要求を突きつけられた福田赳夫《たけお》首相は、超法規の決断を迫られた。首相はその時、周知の言葉を引用し「一人の命は地球よりも重い」（『西国立志編』中村正直著）と断言し、囚人を釈放し人質を救ったことが「美談」になった。事件後、政権与党はあらゆる「命」を奪う軍事費増額の予算案を強行採決した。私はその時、「命」に格差があるという矛盾を改めて知らされた。「命」を奪う軍事力強化の予算案を断行したのは、為政者を中心に「重い命」を持つ権力者である。権力者は多くの人の「命と人生」に格差をつけ、「地球よりも重い」はずの「命」を奪う可能性を露《あら》わにした。誰一人としてかけがえのない「尊い命と生活権」を奪われてはならない、その「人権意識」が私たちの間で失われている。その現実は今も続く。このことにも「人間の生の姿」が示されている。

イエスは、「力と富の独占欲」を満たそうとする社会的・宗教的権力者（大半が男性）に「非人間化」される人が、その暴力に抗って「生きていける」ことを示し生きた人である。その結果、「政教分離」がなく政治と宗教が結合した時代において、彼はローマ帝国の極刑だった「晒し柱」で「政治犯・罪人《ざいにん》」の一人として処刑された。私は時折、彼が無残にも殺されない社会に生きていればよかった、彼はもう少し賢明《けんめい》に振舞うこともできたのではないか、と思うこともある。この「もし〜ならば」という想定に応えるすべはない。しかし、重要なことは、歴史に生きたイエスの言動は「ことば」で終わらず、「人の支配」ではなく「神の支配・神の国」が人の働きを通して実現するという「福音を生きる」歩みを続けたことである。イエスが示す「神の国」は「現在の事柄」である。その生き方は「非暴力」に徹《てっ》し、力なく弱くされた人びととわずかな食物を分け合って食べ、生きる喜びを共有する「共食と共生」の実践を通してだった。

　イエスが示す「共食と共生」の実践の課題は、「慈愛と慈善」の働きに留まらない。現代社会の「命の格差状況」を見据えると、解決すべき社会と宗教の諸悪に抵抗する生き方を欠かせない。確かに、緊急課題として「慈愛と慈善」による「分配」の実践は不可欠である。現にボランティアの方がたが夜回りをし、路上生活者の安否を尋ねている。炊《た》き出しをし、薬などを配り、生活困窮者の生活の場と医療の助けを確保するために行政に訴え、時間を惜しまずに働いている。

　この実践は、諸宗教や立場の違いを越えて必要不可欠な働きであり、最もヒューマニズムに基づく行為である。この生き方は「人の生死」に直結し、社会の各現場で「共生」しようとする私たちの実践の課題になる。イエスは、格差や貧困、差別を生む社会構造や搾取のシステムによる社会の「構造悪」に対峙《たいじ》し、宗教の価値基準を批判する「抵抗の生き方」を示した。彼の「福音を生きる」歩みは、私たちが受け継ぐ実践に現されるべき課題であろう。

世界の現実を見ると

世界の人口は80億を超えているが、分かっているだけで数10億もの人びとが飢えや病気、紛争や戦争によって「難民」にされ「命」を奪われている。年齢・性別など無差別に殺傷《さっしょう》されている。「孤児」にされた子どもたちは、これからどうなるのだろうか。この現実は、軍事・防衛費を増額し続ける日本に生きる私たちと無関係ではない。私たちは、今この時にも赤ちゃんから高齢の方がたに至るまで「命」が脅かされ、奪われていることに思いを致しているだろうか。「生の人間」を見る視点を欠いては、一人ひとりが強いられた不条理により「犠牲」にされていることすら想像できなくなるだろう。そのことを見据えると、強国のエゴイズムによる「社会的・宗教的病根《びょうこん》」と、それを黙認する私たちの生き方が問われると言わざるを得ない。

日本でも貧富の格差が大きく、生活困窮者が増え、自死する人が絶えない。食料自給率が極端に低くなった日本では（農林水産省の2024年度報告は、過去3年間変わらずに38％と言う。現実はもっと低い）、食料を輸入に頼り、農家や牧畜業に携わる人は種子や肥料・飼料、原油やガスなども他国に頼らざるを得ない。第一次産業に携わる方がたは、死活問題に直面している。加えて、異常気象や戦争がその深刻さに追い打ちをかけている。一方で飢えている人が多く、他方で私たちの浪費により「食品ロス」が生み出されている。大国の大規模農場で作られる穀類や小麦などの第一次産品は、世界経済の仕組みの中で化石燃料と共に経済戦略の「武器」にされている。私たちがすべきことは、日常的な「食品ロス」を無くし「食」の重要さを認識して、できることから実践し始めることであろう。また、世界的視野のもとで生活様式を見直し、「共食と共生」の価値観と文化を今まで以上に形づくることが急務であると思う。

そうであるだけに、ガリラヤの社会に生きたイエスが、「社会悪と宗教悪」に断じて「否」を示し生きたことに注視したい。

「共食と共生」の具体化の課題

「食べること」が「共食」に結びつき、「分かち合い」の具体化が「共生」の課題になることを、私たちの「生き方の核」に据える必要があろう。このことは、私たちの「生と死」に関わるからである。

前著で私は、故郷の札幌で厳冬の最中《さなか》に凍《こご》え死なないように、明け方まで歩き続ける人びとがいる現実を記した（『ガリラヤに生きたイエス』138頁以下）。読者の一人が「青森にも、冬になると横殴《なぐ》りの吹雪《ふぶき》の中で、寒さに凍えながら街灯の薄明かりを頼りに朝を待ち歩き続ける人がいます。眠らずに肉体の〝命〟を守るためです」と伝えてくださった。そのような現実に生きる人が、自分の願う「自分らしく」生きることは容易ではない。「自分らしく」とは何かが分からないにしても、「一人の人間」として「生きていける」生き方を求めて取り組むべき課題は山積している。現に日本各地の社会の周縁で弱くされている人びとが生きていけるように、苦闘《くとう》しつつ社会の「一隅《いちぐう》を照らす光」になって生きる人びとがいる。私たちは「独り占め」の在り方から解放され、「分かち合い」（神野直彦『「分かち合い」の経済学』）の具体化のために生きることが求められている。

イエスの「共食と共生」の生き方と思想を探求することは、諸福音書に伝えられるイエスの「食物語」の分析を手がかりにそれらの物語を新しく読み解き、彼の「生の姿」を明らかにする試みに結びつくだろう。この探求の課題は、私たちの「未来に向かう希望」に繋がっている。

二　ユダヤ民族の生き方の特徴

ユダヤ民族の「記憶の装置」

私には自慢できない「特技」がある。それは、あの時あそこで食べた蕎麦《そば》は格別だった。我が家での「共食の会」の時に友人が作ってくださった煮物は一味違って実に美味しかったなど、それらの「食物」をよく覚えていることである。同時に、「食物」を通してその時々の「共食」の雰囲気《ふんいき》、誰とどのような会話を楽しんだか、その風景や情景などが「記憶」に刻まれていることが少なくない。私の胃袋には「記憶の装置《そうち》」があるようだ。年齢と共にその記憶の装置は確実に衰《おとろ》えているが……。

記憶すべきことを継承《けいしょう》することは容易ではない。歴史に生きたユダヤ民族は（ヘブル人。「ヘブル」については「**コラム1**」を参照）、「忘却《ぼうきゃく》との闘い」のために考えたのだろう。記憶するための有効な手段は、出来事を胃袋で覚えることである。過去の経験や記憶すべき出来事を「共食」を通して繰り返し記憶に刻み、世代が代わっても「継承すべき遺産」として伝えたのである。特に毎日の夕食時に、イエスが生育したガリラヤの人びともまた、共に食べながら北イスラエルの宗教伝承や歴史物語を語り、聞き、学び、心に刻み、生きようとしたことが重要である。

さらに有効な機会は、季節ごとに訪れる「祭り」である。ガリラヤの人びとは、権力者の搾取と差別に苦しめられていただけに、祝祭には日常と違う豊かな料理を共に食べ、記憶すべき伝承を語り継ぐ慣習を保持した。それらの伝承を、女性や男性の「語り部」が語り伝え（口頭伝承）、イエスをめぐる伝承は後にマルコを初めとした諸福音書の著者の視点と編集によって記された。「共に食べる」ことは記憶を伝承し、「共に生きる」ことに結びついていた。

［コラム1］「ヘブル」の意味について

本書に記す「ヘブル（人）」「ユダヤ（人）」「ユダヤ民族」などの用語は、ほぼ同じ意味で文脈を考慮して用いている。研究者や司祭・牧師の中には、「ヘブル」を「ヘブライ」と言う人がいる。どちらの表現も可能だが、私は「ヘブル」を用いる。その一つの理由は、「ヘブル」の語源がHabiru / Apiruで、発音として「ヘブル」に近く、後の「イスラエル人」や「ユダヤ人」のルーツになる呼び名だったからである。

「ヘブル」は本来、落ちこぼれ、ならず者、無法者を示す社会層における蔑称《べっしょう》だった。古代のピラミッド型社会の中で弱くされ、落ちこぼされた人、社会の組織や秩序に順応《じゅんのう》できない人、絶対的専制君主によって社会の淵に追いやられた人、権力に抵抗運動をする人びとが「ヘブル人」と呼ばれた。社会の底辺で生きるヘブル人によって語り伝えられた伝承が、時代を超えてユダヤ教聖典の「ヘブル語聖書」（いわゆる「旧約聖書」）を生む母体になったことは、歴史の皮肉かもしれない。

当然ながら、ユダヤ教の人びとにとりヘブル語聖書は「聖典」であり旧《ふる》い契約ではない。従って、本書で用いる「ヘブル語聖書」という表現は、本来「ヘブル語」で記されたこと（部分的にはアラム語：ヘブル語の親戚語）による。イエス誕生以前の紀元前3世紀中頃〜前1世紀には、ヘブル語を知らないユダヤ人が多くなり、ヘブル語聖書をギリシャ語に翻訳した「70人訳ギリシャ語聖書」が誕生している。

英語圏でもthe Hebrew Bible/the Hebrew Scripture、the Christian Testimoniesと言い表す人が少なくない。私たちは宗教の多様性と「共生」を願うので、この呼称の理解は諸宗教や無宗教の人びとが「共生」する上でも重要な視点を示すだろう。キリスト教が歴史と世界の中心であるという独善的・優越的意識を克服《こくふく》するためでもある。

現在、ユダヤの春はユダヤ教の「過越しの祭り」とキリスト教の「復活祭」（イースター）の二つの祭りと共に始まる。また、ユダヤ教の三大祭り（①春の「過越しの祭り」、②夏の「七週の祭り」、③秋の「仮庵《かりいお》の祭り」）は、農耕祭に関係していたようだ。春の農耕祭は、ユダヤの民族的・宗教的独立と解放を記念する「出エジプト」の出来事を想起し、共同体の「共食と共生」の在り方を記憶し直す大切な「時」になった。祭りでの「共食と共生」は、社会と宗教による諸悪に抗う一つの道にもなっただろう。

忘却との闘い

ヘブル人の最大の祭りは「過越しの祭り」で、「歴史の転換点」になった出エジプトは紀元前1300年代の出来事で、現在もユダヤ人の間で祝われている。私は留学中に、エピスコパル神学校の聖書学の教授に勧められ、ごく近隣のハーバード大学の名物教授ジョン・D・レーベンソンによる「ユダヤ教と聖書学」のクラスを取ることができた（単位互換性《ごかんせい》の認可による）。「過越しの祭り」の時に、ユダヤ人の教授宅に招かれ夕食を共にしたことがある。食事の際には、祈りとヘブル語聖書の朗詠《ろうえい》、何度も行われるワインの乾杯、「マッツァ」（種入れぬパン）とご馳《ち》走《そう》を食べ、本当に堅《かた》くて平たいパンだったことを実感させられた。酔うほどに、キノルという小さな竪琴《たてごと》を奏《かな》で、皆で踊る・踊らされたことを想い起こす。その当時でも教授は、1948年のイスラエル建国の時からすでに始まっていた同胞イスラエル人のパレスチナ人弾圧《だんあつ》を強く批判していたことを忘れられない。

どの民族にも、語り継ぐべき「記憶の核」になる出来事が伝承されている。民族を超えて人類共通の「記憶の核」になる経験もある。近・現代の歴史を見ても、二度の世界大戦の悲劇、第二次世界大戦におけるナチス・ドイツによるホロコースト（前述）、沖縄戦での米軍による沖縄庶民の虐殺《ぎゃくさつ》、日本各地での大空襲や二度の原爆の大惨事、「戦後」も日本の協力による米軍の沖縄の基地化（辺野古の米軍基地など。奄美大島や石垣島などの諸島に強行新設した日本の自衛隊駐屯《ちゅうとん》基地やミサイル基地を含む）や軍用機の事故、米兵による女性への性暴力事件は現在も起きている（1972年5月15日に沖縄の「日本復帰」がなされたが、沖縄住民が強いられる重荷と悲劇は変わらない。今も大きな不発弾が発見され処理に追われていると聞く）。アジア諸国の人びとにとっても、大日本帝国による侵略と植民支配の暴力も同じである。また、関東大震災と朝鮮人・中国人への差別や惨殺（1923年）、チェルノブイリ原発事件（1986年）、阪神・淡路大震災（1995年）、東日本大地震による津波と福島第一原発崩壊《ほうかい》事件（2011年。私はこの原発崩壊が起こるべくして起きた「人災」と受けとめ、「事故」ではなく「事件」と記す。「人災」については、小出裕章さんの前掲書、特に72～128頁を参照）などは、忘れてならない「記憶の核」になる出来事である。能登半島地震による被災は、「復興」に何年も続くと言われている（2024年1月1日に発生）。

ユダヤ人は、記憶すべき民族の物語とその出来事を風化させないために、それらを「記憶の核」として「共食」の際に語り継いだ。「忘却との闘い」のための知恵だろう。何かを記憶し語り続けるにはマンネリと風化が生じ、辛い過去の経験も「美化」する落し穴がある。しかし、出来事を記憶し語り継ぐことは、権力者や強者による歴史の改ざんの暴力に対する抵抗になる。歴史の記憶を伝承することは、現在に生きる私たちが新たな歴史を生み出す源になるだろう。

［コラム2］ ①なぜ「過越し」か？ ②なぜ「種入れぬパン」か？

① なぜ「過越し」（ペサハ）の祭りと呼ぶか？

出エジプト記12章によると、神はエジプトで苦しみを強いられたヘブル人を救い出す際に、家族ごとに子羊を用意し、その血を玄関の二本の柱と鴨居《かもい》に塗りなさいと命じたという。その血を見た神は、そこを「過越し」ヘブル人を助ける。その夜は子羊の肉とパン種を入れずに焼いたパンを皆で食べよと神は命じ、「この日は、あなたたちにとって記念すべき日になる」と定めたと記す（12・4）。

子羊の血を塗る行為は呪術的《じゅじゅつてき》であるが、子羊はヘブル人にとり大切な財産で、その血は「命」を象徴し畏怖《いふ》の念を示す。子羊の「命」を示す血を塗ることは、ヘブル人の家を示す「命のしるし」と理解されたのだろう。こうして、過越しの祭りは「胃袋で記憶する」祭りになった。

②なぜ「種入れぬパン」か？

酵母《こうぼ》を入れず焼いたマッツァは、発酵せずに薄く伸ばしたパン生地《きじ》を焼いたものである。伝承は次のように語る。人びとがエジプトを旅立つ時「道中の食料を用意する暇《ひま》もなかったからである」と（12・39）。この記述は出エジプトの緊迫《きんぱく》した事態を示す。出エジプトは、ヘブル人の民族的・宗教的独立を求める「解放の事件」であり、余裕がなく固く焼いたマッツァを携え荒れ野に旅立ったと語る。

記憶と伝承

記憶の核を基に語り継ぐ物語には、歴史に生きた先人たちの歩み、「生身の人間」の喜びや哀しみ、怒りや憎しみなどが刻まれている。また人びとの不安と危機、過ちと失敗、再出発への決意が込められている。特に権力者の暴力、庶民が持つ偏見や差別による「弱者」の排斥など、その経験が記憶の底に残滓《ざんし》のように積《つ》もっている。そして、沈黙せざるを得ない経験から勇気を持って「ことば」を振り絞り、暴力への「抵抗の思い」を込めて語る「民衆の伝承」になったのだろう。

社会の周縁に生きざるを得ない人びとは支え合い、多様な経験や知識の蓄積《ちくせき》を用い、過ちや失敗からも学び、歴史の痕跡《こんせき》を「記憶」に刻んだ。イエスの言動もまた「民衆の物語」になり、「共食と共生」の在り方を示す。そのことを「人間」を見る視点から読み解くことが重要である。

私たちは、歴史に生きた人びとが「今」を生きる中から発せられた「声」を聴き逃してはならない。しばしば「強者」によって伝えられた「公《おおやけ》の歴史」の背後には、弱くされた人びと、とりわけ女性を含む「見えなく」されてきた人びとの現実が隠されている。その人びとの証言を発見し再生することは、私たちの果たすべき課題また責務である、と私は思う。

さらに「記憶と伝承」は、過去と現在、また未来を繋《つな》ぐ糸になり得る。記憶し語り継ぐことは、私たちに対して「今」をいかに生きるかという思想的・倫理的課題と切り離せない。この課題は、「共食と共生」を願う人びとの未来を拓くことになろう。

「食べ物」を求めての放浪《さすらい》の旅

ヘブル語聖書に見られる「出エジプト記」の前史として編集された「創世記」もまた、ユダヤ人にとり大切な伝承として語り部によって語り継がれた。その発端《ほったん》は、ユダヤ人の諸部族が、飢饉のために十分に食糧があるエジプトを目指し旅立ったことに起因する（創世記42・1以下）。飢え渇く人びとは、幼児から年老いた人、心身に病や不自由を持つ人と共に「難民」のように荒野を彷徨《さまよ》う経験をした。やっとエジプトに辿《たど》りつき住み始めたユダヤ人は、エジプト王の支配のもとで厳しい生活を余儀《よぎ》なくされた。エジプト人にとり、その人びとは蔑《さげす》む「ヘブル人」であり労働力にもなった。長い苦難の歴史を経て、ヘブル人は「自由と解放」を求めて「エジプト脱出」を断行《だんこう》したのである。その旅立ちの歴史は人びとの「断続的」な出立《しゅったつ》だったようだが、「食物」をめぐる「歴史のターニングポイント」になる物語として語り部の語りの手法（時々の語り方、拡大・縮小、編集、修正、改変など）を用いて伝承された。

出エジプトの歴史的経験は（前述の「**コラム2**」①）、苦難の続く荒れ野の旅だった。飢えに苦しむ人びとの間には不平不満が幾度となく口を突いて出た。エジプトにいれば「肉のたくさん入った鍋の前に座り、パンを腹いっぱい食べられたのに……」と吐露《とろ》してもいる（15・3）。出エジプトを導いた女性預言者で指導者のミリアム（後述）と弟モーセは、何度も窮地《きゅうち》に立たされた。にもかかわらず、ミリアムとモーセ、また同胞たちは、「絶望の淵」に立たされた時に人の思いを超えて神に助けられた、と物語は繰り返し語る。

人びとは歴史を通して、何があっても「神」を信頼して「諦《あきら》めず」、「自立の道」を切り拓こうとした。その旅の出来事を人びとは何度も心に刻み、「共食と共生」によってその経験を噛《か》みしめたのだろう。そこでヘブル人は、「自由と解放」を求める旅だったことを確かめ合ったと思われる。

「共食と共生」の生き方を求めて

ヘブル人が経験した出エジプトの出来事は、「祭りや共食」を通して伝承され記憶に刻む物語の原点になった。人びとが忘れてはならないその経験を以下に纏《まと》めてみたい。それは、①多くの苦難にもかかわらず「人間」として生きる「自由と解放」を求めての「自立的」な旅立ちだったこと。②虐《しいた》げられる者を救う神の支えと導きを信頼して生きること。③その神を民族の信仰の靭帯《じんたい》にすること。④神の救いの恵みに応えるために「十戒」（律法）を与えられたと理解したこと。⑤その律法が、ヘブル人の宗教的な「価値基準」、生きるための規律になったことである。これらのことを、先に記した上村静さんが指摘するように、語り部がその時々の歴史的制約の中で、あるべき人間と世界、また「神」を語ることで「人間」について語ったのである（一章一「〝人間学〟の視点から」）。

ヘブルの民が最も大切にしたことは、神を信頼して権力支配に抵抗する生き方だった。同時に、人間としての「自由と解放」を求める「意志と決意」を持ち、どのような苦難の時にも未来に向かって旅を続けることだった。私たちも、自分の「人生の主体は自分」であり、「共生」を求めて生きることを自覚させられる。荒れ野のような困難な事態に直面するほどに、自立と自律また性別や年齢などの違いを超えた「共食と共生」の実践が求められる。

特に重要なことは、ヘブル人の「自由と解放」を求める荒れ野への旅が「種々雑多な人びとも加えて」の旅だったことである（12・38）。部族や民族、宗教の違いをも超えて、人びとは「共食と共生」の生き方を求め、「今」を生きるためにこの物語を伝承したのだろう。

その後、南ユダの権力者がエルサレムに壮大な神殿を作り、組織化・権威化するに伴い、律法の価値基準が次第に絶対化された。律法の教えが「宗教悪と社会悪」の苗床《なえどこ》になり、イエス時代には人びとを分断し、病《やまい》や障がいを持つ人を「汚れや罪」と断罪する基準になったと思われる。

「たまったものではない」という視点

ここで見過ごせないことがある。ヘブル人が、荒れ野の苦難を通して「乳と蜜の流れる」約束の地カナンに定着しようとした時である。その現実は、カナンに住む人にとってヘブル人の侵攻と征服に他ならなかった。歴史を見ると、カナン北部の「ガリラヤ」の地に住んでいたカナン人と一部のヘブル人（本書で言うガリラヤ人）との間に「平和共存」が育《はぐく》まれていったと思われる。しかしやがて、ガリラヤ人も「異邦人のガリラヤ」に生きる者であると南ユダの人びとから差別され始めた。

カナンの全域を見ると、ユダヤ人による侵略と支配、暴力と戦いによる殺戮《さつりく》があったことを否定できない。現在のイスラエルのガザ侵攻やパレスチナ人を虐殺することによる「民族浄化《じょうか》」に似ている。この悲劇を不問に付し、ヘブル民族の遺産として出エジプトとカナン定着の物語を語るならば、カナンに生きていた異邦人にとり「たまったものではない」ことである。この歴史の現実を看過《かんか》せず、聖書を複眼的《ふくがんてき》な視点を持って読み解くことを忘れてはならないと思う。

私たちは「自由と解放への旅立ち」の物語を「美化」せずに、歴史の「負の遺産」をも受けとめて物語を新しく学び語ることを肝に銘じたい。このことは、私たちが「韻を踏む」社会と歴史において「いかに生きるか」という思想的・倫理的課題の責任に結びつくだろう。

第二章　「共食と共生」の課題

一　「共に食べる」という切り口から

個食と孤食

ここで、日常の「食べる」という切り口から「共生」の重要さを考え、その意味を探りたい。「共食と共生」の生き方を「思想」と呼ぶことは大げさかもしれない。確かに、「共に食べ、共に生きる」ことは「思想」とはほど遠く、古代から現代に至るまで当然のことではなかった。「食物」を分け合うよりも、富と権力を持つ強者があらゆるものを「独占」し、人びとや民族、また国々の間で「共生」を破壊《はかい》する争いや戦争を繰り返してきたことは歴史的事実である。

さらに、私たちの日常生活には「個食」や「孤食」も珍しくない。子ども食堂や色々な事情を持つ人の食事の場も生まれている（厚生労働省の2023年度報告によると、全国に子ども食堂が9000箇所を越えて活動していると言う）。その背景には、家族の生活形態の変化や貧困、人間関係を分断する社会のひずみ、福祉行政や政治的貧困がある。たまには、誰に遠慮することなく「お一人さま」の食事を楽しめるとよい。飲食業界では、そのことを重視し工夫する店も増えている。しかし社会の状況を見ると、「共食と共生」の生き方は現実と離れた「失われつつある思想」

であると思えてくる。その状況において「共食と共生」の具体化を求め、その「時と場」を生み出す実践をし、福祉行政を動かす努力をする方がたもいる。その働きが、私たちの社会と歴史を新しく形づくっていくことは確かだろう。

「食べる」ことに伴う矛盾

私たちは今、地球環境全体の危機的状況に直面している。そうであればこそ、「共に食べる」ことは、自然やあらゆる動植物との「共生と共存」の世界を形づくる実践に結びつく。この生き方は、「共生」を具体化する重要な「思想」に基づく実践の課題と言ってよい。

私たちは、当然ながら動植物の「命」をいただいて生きている。言い換《か》えると、他の「命」を奪うことによって生きていける、という「矛盾」を抱えている。自然界の動物は、必要な獲物《えもの》を得ると他の動物をむやみに捕食しないと聞く。このことを認識しないと、私たちは自らを絶対化し独善的になる。自然のみならず、他の人びとを殺傷してきた歴史がその現実を証明している。

私たちは互いに「違い」を持ち、個性や意見も多様である。性別や性指向、民族や国籍、出自、また宗教などあらゆる違いと多様性を持つ。その私たちが個性や違いを持ちつつ、誰にでも開かれ、誰をも排除しない包含《ほうがん》的な食事の交わりを持てるならば、「共に食べる」ことは豊かな時と場になると思う。多様な人が自己絶対化せず、独占欲にも縛られず、自分の価値基準からも解放され、規則や条件、社会的・宗教的な規律で人を制限・排除しない世界を求めたい。一切の垣根や壁を超えた「共食と共生」の時と場は、豊かな機会になる可能性を拓くだろう。

「食」に伴う問題と課題

食事は以上のことに留まらない。「食べること」には、誰がどのように作った食材を用いるかなど、解決すべき問題や課題がある。圧倒的に食糧自給率の低い日本では、農業政策の貧困と農産物の価格の問題がある。輸入が止まると、私たちはすぐに食糧危機に陥《おちい》る。さらに、食材の値段が安ければ良いとは限らない。その背後では、世界的な巨大企業が種子や飼料・肥料を独占し、経済の仕組みによって食材の輸出入が各国の政争《せいそう》の具《ぐ》にされている。市場原理が支配する「独り占めの経済」に起因する諸問題も見えてくる。多量の農薬を使い、遺伝子を組み換えた種子や肉・魚・野菜などの危険性も否定できない。食材を取り扱う企業倫理の問題もある。流通のために野菜や果物などの形や大きさを揃《そろ》え、規格外の物を捨てるという愚かなこともしている。

しかし朗報だが、最近は食品ロスを無くすために規格外の生産物を売り、工夫して使用する飲食店なども生まれてきた。また農・漁業の後継者が減少しているが、若い人や家族が農作地や海の近くに移住し、農・魚業の後継者になるために学び、仕事を受け継ぐ試みが始まっている。このことは一つの大きな「希望の種」になるだろう。

それでも世界の現状を見ると、社会悪による「絶対的貧困」の中で飢餓に苦しむ人びとが絶えない。一方で大量の食品廃棄の現実があり、他方で貧困や戦争により幼児を含む人びとが飢えて「尊い命」を奪われるという深刻《しんこく》な矛盾も見られる。しかし、「希望」を失ってはならない。幼子から大人まで、あらゆる人が生きるに不可欠な食物を分け合い「共生」を求めて生きる人、「分かち合い」の経済システムと食の生産・供給の仕組みを変革する課題を担う方がたがいるからだ。

二 平和の源と希望としての「共食と共生」

死者たちの「声なき声」

第二次世界大戦で、ナチス・ドイツによるホロコースト（大虐殺！「まえがき」の「〝社会悪と宗教悪〟の結びつき」）が行われた。「地獄」のような現実の中で奇跡的にアウシュヴィッツや他の強制収容所から生き延びた人びとの証言によると、生きるためには何でも口にしたと聞く。その中の一人が、このように語る。「生きている限り、人間には常に〝希望〟が残っている」と（「アウシュヴィッツで生き延びたフィリップ・ミューラー」、高橋哲哉『記憶のエチカ』129頁）。絶望的状況でも決して「諦めず」に「生きている限り」、また「生きようとする限り」、人びとの心には消え入りそうな「希望の灯《ともしび》」でも輝いていたのだ。その「灯」を消さないように、互いに「生きる」をいつくしむ人びとが「生きようとした」に違いないと思う。

私たちには、希望を失わず「共に生き抜いた人びと」の声を聴き、記憶し、伝えていく責務がある。「絶望」と思える状況でも、少しの食物を分け合い「共に食べた」人びととの「声」に「人間の尊厳」を持って生きる可能性が示されているからだ。同時に、無残《むざん》にも殺されて「命と人生」、また「未来」をも奪われた「死者たちの声なき声」に耳を傾ける必要がある。このことは、私たちが各自の状況の中で「社会悪と宗教悪」に抗って生きる課題と責任に結びつく。

「共食と共生」の生き方と思想は、具体的な「実践」から離れてはあり得ないと思う。互いの違いや立場、意見などによって特定の人を排斥しない「共生」の課題は、常にその「具体化」が求められる。問題の解決がどれほど困難であっても、「分かち合いと共生」を第一とし、互いの「違い」を認め合い「受容し合う」（愛し合う）生き方が不可欠である。

私は、2003年に鈴木嘉明《よしあき》さんという方を看取《みと》った（大泉教会のメンバーのお連れ合い）。鈴木さんは、シベリヤに抑留《よくりゅう》された経験を持つ。何度もお宅に伺い、鈴木さんの話をお聞きした際に、先に紹介した人の証言と同様に、人びとは「生きるために」何でも食べたと語っておられた。草の根はおろか動くものは虫まで食べ、ネズミは重要なタンパク源だったと。そのネズミも食い尽くしたそうだ。しかし極限状況の中でも、「食べる」ことは「生きる希望」に繋がったのである。確かに、小さなパンくずのために熾烈《しれつ》な争いが起きた、と鈴木さんは言う。しかし、すべてが凍《い》てつく厳冬の中でも「我に返り」、励まし合い、少しの物を分け合う時、「人間」としての「尊厳と誇り」を取り戻して生きることができた、と心を震わせるように証言してくださった。

同時に鈴木さんは、シベリヤから生きて帰れなかった「死者たちの声なき声」を心に刻み、その人びとの「声」を代弁するように語り続けた。彼の証言は、カルト・オブ・デス（「まえがき」）に抵抗する行為であろう。お連れ合いのせう子さんも（「しょうこさん」とお呼びしていた）、連れ添ってきた夫の話を聴きながら涙していた姿を忘れられない。私はその時、「死者たちの声」が聴こえてくる気がして、息がつまる思いになった。鈴木さんが語る「語り部」としての証言は、私自身の人生に対する鋭い「問いかけ」になった。「今」をどのように生きて、「共食と共生」の具体化を生み出そうとしているのかと。

「無知」に根ざす「他者」の排除

私たちは、しばしば他の人と「共生」するよりも「排斥」してしまう。その根底にあるのは、「違い」を持つ人びとや諸民族、諸国の人びとについてよく「知らない」がゆえに生じる「恐れと不安」であるのかもしれない。そうして、その人びとを「異質な者」また「他者」として遠ざけ排斥する。排斥・排除は偏見や差別、抑圧に結びつき、争いや戦争にまで発展してしまう。本書で取り上げるイエス物語を見ても、そのような「人間の生《なま》の姿」を知らされる。

日本の歴史を見ても、異国人や異民族、異なる者と見なす人びと、例えば在日韓国・朝鮮の人、アイヌ（「人間」を意味）民族の人、沖縄また琉球諸島に生きる人、性的少数者、心身に不自由を持ちつつ懸命に生きる人を「他者」として差別してきた。また出自や職業のゆえに「部落」差別が行われ、1923年の関東大震災の時に起きた日本人による朝鮮人・中国人の虐殺は流言飛語《りゅうげんひご》や差別意識によるものだった。その頃から国家が定めた「国策《こくさく》」として「ハンセン病」と見なした人びとの「強制隔離」が推進された（「無らい県運動」で施設に隔離）。その現実に医療従事者やキリスト教また他宗教の人びと、報道関係者も加担し、家族も苦しめてきた歴史の現実を見る必要がある。1948年には優生思想から「優生保護法」が策定され1996年まで存続した。特定の疾病《しっぺい》や障がいを持つ女性の強制不妊手術や人工妊娠中絶が母体保護の名目で合法化され実施されたのである。権力者による人の「命の尊厳と人権」また「人格や生存権」の否定と言わざるを得ない憲法違反である。その強いられた差別の苦しみは、今も続いている。

私たちにとって、「他者の排除」の事実を自覚し、その現実を克服《こくふく》する実践が不可欠な課題になる。その際、アウシュヴィッツやシベリヤからの証言者が語るように、「共食と共生」は「生きる希望」への源になり、私たちを結ぶ絆になる可能性を秘めていると知らされるであろう。

楽しくご飯を食べること

もし子どもや大人も、弱い人や私たちが弱くし、弱くされている人も、強い人も強がっている人も、病気や心身に不自由を持つ人も、色々な条件や規則また境界線を超えて一緒に楽しく食事をすることができたら何と幸いであろうか。イエスの共食は、そのような「神の国の食卓」の一時《ひととき》を具体化する時と場である。「神の国」は死んでから行く彼岸にあるのではなく、現在に実現される場であるからだ。

イエスが示す「感謝と恵みの場」は、どの人にも決して「閉じられて」いない。その「感謝の場」を「閉じる」のは、宗教の教えや規則を盾に人びとを分断・排斥する宗教権威者である。そのことを自覚しようとせず、また黙認する人びとは、従来の神学や教義・教理を根拠に共同体の在り方を擁護《ようご》し主張しているように思えてならない。ガリラヤに生きたイエスは、その「社会悪と宗教悪」をもたらす人びとに抗ったと言えよう。

「共食」は、「宗教」の硬直《こうちょく》した権威的な教えや価値基準に抗い、「平和と希望」に生きる可能性を生み出すだろう。多様な人との「共食」は、社会的・文化的・宗教的に作られるジェンダー差別（性差別）、また民族や出自、社会的地位や肩書き、職業などの垣根や違いによる偏見・差別の壁を打ち破る可能性を持つ。そして、多様な人びとと大らかに生きる「時と場」になるだろう。このことは決して「綺麗事《きれいごと》」ではない。互いの生き方を認め合い、大切にし合う（愛し合う）

生き方を私たちの間に根づかせるならば、互いの「生きる」をいつくしみ合う希望の芽が生まれるだろう。そのことを信じて、共に生きていきたい。

三　弱いことはすてきなこと——食を共にすること

1　ある認知症の方の問いかけ

「自分のお菓子」を分け合う

一つのエピソードを紹介したい。歴史と社会の片隅《かたすみ》に起きた一コマだが、その事実を記憶に刻み、食の分かち合いが「共生」を生むことを現場に行けない方がたと分ち合いたいと思う。

心身に弱さや不自由を抱えると劣等感や自己否定の思いを持ち、私も含めて「老い」を迎えると体力や気力、視力や聴覚、記憶力や判断力が弱る。生きる意欲さえ失いかねない。そこで想い起すことは、認知症を持つ方がたの施設での経験である。

私は時折、その施設を訪ねていた。ある時、判断力も表現力も失ってきた高齢の方にいつも話しかける介護士が病気で休み、「認知症」と判断される方はしばらく彼女に会えなかった。

ある日のこと、おやつの時間になっても、その方はお菓子を食べようとしない。私は「どうして食べないの」と聞くと、「誰々さんにあげる」と言うばかり。数日後、介護士の方は病気が治り施設に戻ると、高齢の方はすでに堅くなった「自分のお菓子」を彼女にあげたそうだ。彼女は心が熱くなり、病気の回復と共に、人としての大切な心の暖かさ、施設に生きる方がたと共に生きようとする「心の回復」を与えられたと語ってくださった。同様のことは、社会の色々な所で見られるのだろう。

愛のおすそ分け

この話は、小さな出来事かもしれない。しかし、その話を聞いた私の心も熱くされた。認知症とされる高齢の方のおやつには、「いつくしみと思いやりの心」が込められているからだ。このことは「美談」ではない。「自分のお菓子」を「分ける」ことの中に、その方の愛の具体性があることを知らされる。

多くの入居者は、年齢に関わらず「弱さ」を抱え、知力や判断力が衰え、困難や心身の不自由を持っている。その方がたの家族も苦労が絶えないだろう。日常の事柄には、綺麗事では済まされない困難や問題も起きる。しかし「弱さ」を持つ人には、他の人を思いやる心、優しさ、愛が芽生える可能性が秘められているのだろう。そして、周りの人の生き方をも変える現実に接すると、「弱さ」を通して、互いに「排斥」せず、とりわけ哀しみ苦しむ人に心を寄せる優しさやいつくしみが相互に育つ気がする。そのことを経験した介護士の方は、一人の「認知症」と判断される方から「愛のおすそ分け」をいただき、優しさや愛の豊かさを知らされたのだと思う。

よく耳にする話だが、「優しい」という漢字は「人」が「憂《うれ》い」を持つという言葉から成っていることも頷《うなず》ける。他の人の弱さや哀しみ・苦しみを憂い、そのことに「共感・共苦」できるから人に対する「優しさ」が生まれるのだろう。どれほど優しさと愛が不完全でも、誤解を生むかもしれないが、場合によっては「弱さってすてきなことだ」とさえ思うエピソードである。

2　命が奪われる現実

四秒に一人の命が

人は誰でも、自分を根底から支える拠り所を必要とする。それが物質的・精神的なものであろうと、他の人あるいは思想また神や仏であろうと、自分を支える「何か」を求めるのだろう。

同時に、生きていくために不可欠なものは「食物」である。ここですぐに異論が聞こえてきそうだ。イエスは「命のことで何を食べようか、体のことで何を着ようかと思い悩むな。命は食物よりも大切であり……ただ、神の国を求めなさい」（ルカ12・22以下、並行箇所）と言ったではないか。イエスは「食物」のことで「思い悩むな」と言い、神は必ず必要な物を与えてくださる……と。私は、神への「信頼」を否定するつもりは毛頭ない。同時に、イエスが生きた社会状況を注視したいのである。

イエス時代には、生きるに不可欠な日々の食物が乏しく、餓死する人が絶えない現実があった。「食物」を得るために必死に生き、「思い悩む」人びとが絶えなかった。生まれた赤子を胸に抱き、母乳が出ない胸に口を当てたまま死ぬ赤ちゃんがどれほど多くいたか。イエスも、幼い時からその現実を知り、その上で語っているのだ。

私たちは、世界各地で食物が無く尊い命を奪われる人が無数にいることを看過《かんか》できない。この原稿を推敲《すいこう》していた2023年末頃に、地球上の人口が80億人を超えたとの報告があり（2050年には100億人になると言う）、現在でも飢餓で「四秒に一人の命」が失われている（2023年の国連の食料農業機関の統計）。否、その「命」が奪われているのだ。異常気象で作物不足が叫ばれているのに、世界全体にはすべての人が食べるに必要な食料があり、穀物の生産量は世界の人口を養うに必要な量の二倍弱との報告もある。しかし、飢饉《ききん》や戦争で田畑が破壊され多くの人が瀕死《ひんし》の状態を余儀なくされている。一部の権力者の野望と独占欲によって、「共食と共生」の実践と思想が破棄されている。

本来、祝福されるべき誕生した赤ちゃんの命が奪われることも、世界における経済格差と政治力学、暴君による権力支配と残虐な戦争に大きな原因がある。強者の国はさらに富み、紛争や戦争によって田畑を破壊し、補給ルートを寸断《すんだん》して難民を生み出す現実を無視できない。

以上を見ても、この現実は日本に生きる私たちの日常生活と決して無関係ではない。私たちの日々の浪費と食物廃棄、軍事力強化などによる「社会的弱者」を切り捨てる政策も大きな要因である。「防衛・軍事」産業は潤《うるお》い、他国と共同製造した次期戦闘機の海外輸出も政府与党の画策によって実現しつつある（2024年時点）。「靖国で会おう」というプロパガンダが横行する時代が再来する足音が聴こえてくる気がしてならない。私たちが生み出すその現実を無視・黙認するかのように、以上の現実と離れて「神は必ず必要な物を与えてくださる」と言えるだろうか。

私たちの足もとでは

私たちの日常は、人の「命と人生」を踏みにじる「差別と排斥」に溢《あふ》れている（『ガリラヤに生きたイエス』六章三「宗教のジレンマとその克服」290頁以下）。世界各地に見られる紛争・戦争で殺され飢餓に苦しむ子どもたちを前にして、「命」を奪う側に生きる私たちの「責任」が問われる。日常生活に追われていると、次の具体的現実を知らされて愕然《がくぜん》とするのは私だけだろうか。再び数字を挙げて記すが、農林水産省の調査によると（2023年10月）、日本で廃棄される食品ロス、つまり私たちの家庭や飲食業界から捨てられる食物は約612万トンに及ぶと報告されている。世界で飢餓に苦しむ人びとに向けた食糧支援の二倍以上に相当する(世界の食料廃棄量は年間13億トン)。推計方法によって若干の違いはあるが、「社会悪」と言える恐るべき数字である。

日本では、食品ロスを減らし、化石燃料に代わるエネルギーを求める取り組みを始めた飲食業、農業従事者、企業や一般の人びとがいることは朗報である。世界各地で飢餓に苦しむ人びとの一部でも、食品ロスになる食料で「命」を繋《つな》ぐことができる。世界に知られた「もったいない」という日本語を、私たちが風化させてはならない。「言葉」は現実を変える力を持つことを自覚したい。

四 「神よ、なぜですか!」と祈る前に

私たちの生きる責任

さらに考えてみたい。飢餓や病気、災害や人災、戦争で死にゆく人びとを知りつつ、語弊《ごへい》を恐れずに言えば、「神よ、なぜですか」と祈る前に、否、真剣に祈ると共に、人や動植物の「命」を奪う私たちの罪の責任が問われる。日本列島が不夜城《ふやじょう》のように朝まで光り輝き、電力の浪費をしている。にもかかわらず、原子力発電の推進政策を強め、軍事費増強を目論《もくろ》む為政者の行政の暴力を黙認し無関心になっている宗教者であるとすれば、私たちの生き方もまた問われる。さ

らに政治的・宗教的な暴力に抗わなければ、理不尽な現実の「流れに掉《さお》さす」ことになる。キリスト教や教会、宗教指導者や神学者が、「キリストの犠牲の死による贖罪と救い」などを信仰の中核として今も教え力説することに終始するならば、「命と未来の人生」を奪われる人びとにとって「たまったものではない」信仰や教えであると言えないだろうか。

キリスト者である・なしに関わらず、今も「命と人生」を踏みにじられ、死に直面する人びとが存在していることに目や耳を閉じてはならない、と思うのは私だけではない。「社会的弱者」にされている人びとの痛み・哀しみに少しでも向き合い、とりわけ私たち自身の人生が問い直される。「社会悪と宗教悪」また「自己犠牲の死の美化」によって「犠牲にされる人」が現在も生み出されている。そのことに対して「否」を言い続け、自らの「過ちや罪」の責任を問うことは、悲惨な状況を変革する抵抗の生き方と実践に繋がるだろう。私たちの責務は、自らの人生の方向転換として「悔い改めと贖罪」の生き方を始めることではないだろうか。

「贖罪」の生き方は、他の誰かに代ってもらえる人生ではない。私たちは自らの「罪責」を自覚し、「悔い改めと贖罪」の生き方を今からでも始めることが求められている。

「共食・共生」とイエスの怒り

イエスは、人の「生きる」をいつくしむがゆえに、人が生み出す理不尽で不条理な暴力の現実に抵抗し、「強者」を厳しく批判する「怒り」を表した、と私は受けとめている。

イエスは、人生の旅の終わりにエルサレム神殿を訪れている。その境内で神にささげる小動物を売る店や両替人のテーブルをひっくり返し、「怒り」を露《あら》わにしたと伝えられる（経済優先で「神殿市《いち》を成す」宗教体制に対する批判の象徴行為）。この「事件」は、通常「宮清め」と言われる（マルコ11・15以下と並行箇所）。彼はその時、「祈りの家」である神殿を「強盗の巣」（搾取のシステム）にしたと断言している（本書八章二の1「搾取のシステム」）。彼はその行為のゆえに、宗教権威者の怒りを買った。宗教権威者は「イエスをどのように殺そうかと諮《はか》った」（同11・18と並行箇所）と福音書著者のマルコは記す。イエスの言動は、神殿冒瀆罪《ぼうとくざい》に値するからである。

この伝承を読む限り、イエスは「暴力行為」をしたことになる。での小競《こぜ》り合い程度のことだったと推察される。しかし、彼の言動が「象徴行為」だとしても、民衆の間では、巨大な神殿国家体制に対する「抵抗の意志表示」であり、犠牲をささげる神殿宗教との決別を示したと理解された。彼の行為は記憶に刻まれ、民衆の物語として伝えられた。

注目すべきことは、「宮清め」に示されるイエスの生き方が、ローマ・南ユダの社会構造や宗教システム、また宗教の教義や規則が生み出す「宗教悪と社会悪」に対する批判になったことである。人びとから搾取して巨万の富を得る神殿国家体制に対し、「共食と共生」の具体化を庶民の間に取り戻すために、彼は社会的・宗教的権力者に抗い、現実の変革を求めたのである。しかも、ガリラヤで弱くされていた人びととの自由な「共食」を通して示した生き方だった。

イエスが実践した共食は「神の国の宴《うたげ》」、「神の国」の雛形《ひながた》を象徴的に示す。彼は食事が乏しくても、「共食」を通して人びととの「共生」を育《はぐく》み、権威・権力者と社会や宗教体制、搾取のシステムに対する「怒り」を持って「抵抗の生」を生きたのである。彼の生き方は、「人の支配」ではなく「神の支配・神の国」の実現を求め、権威・権力者とその体制への驚くべき挑戦になった。その生き方自体が、宗教批判であり政治批判になったと思われる。

五　それでも「希望」を失わず

砲撃の音は止まず

二千年前に、イエスが生きたガリラヤ・ユダヤの地では、現在もイスラエル軍によるパレスチナ人殲滅《せんめつ》とも言える攻撃が続いている。また、ロシアとウクライナとの間でも、ミャンマーでも悲惨な戦いが続く。憎しみと報復の連鎖は留まる所を知らないかのようだ。世界の至る所で子どもや大人が見境なしに殺され、難民になって彷徨う人の「いのちの尊厳と人権」が奪われている。「食べること」、「生きること」、「未来への人生」が踏みにじられる現実があるのだ。

マタイによる福音書は、イエスの誕生の際にヘロデ王が兵士に命じて、ベツレヘム周辺の二歳以下の男の子を大量虐殺させたと語る（2・16〜18）。ヘロデは、将来の王になる赤子を恐れ抹殺《まっさつ》したのである。この記述がそのまま歴史的事実ではないにしても、親や家族などの必死の願いや求めが黙殺されて子どもの「命」が奪われ、養育者・保護者の哀しみの叫びが聴こえてきそうだ。また、人びとの叫びを踏みにじる権力者、その体制を支える宗教権威者、残虐な現実を黙認する人びとの現実をも示す。「黙認は黙殺である」と言わざるを得ない。

決して「希望」を失わない

悲惨な現実は、日本に生きる私たちと決して無関係ではない。ミャンマーの軍事政権下で「世界で最も迫害された少数民族」と呼ばれるロヒンギャ難民を含み、異国からの難民を日本は極端に制限し少数の人しか受け入れていない。「難民認定」もされない人びとが、「非合法」に生きざるを得ない現実がある。その現実に抗い、日本に生きて認定も受けられない人が「人間として生きる」ことができるようになるために、その人びとの「隣人」になり生きる場所を探し、様々な支援をする方がたや渡邊さゆりさん（牧師、マイノリティ宣教センター 共同主事）の働きがある。在日異国人の方がたに食料や医療支援を行う長澤正隆さん（助祭、カトリックさいたま教区・関東医療相談会アミーゴス代表）も身を削りながら働き続けている。また、他の方がたの助力に支えられ、イエスの生き方を現代において具体化して生きている。

私たちは、深刻な問題に直面しても、「絶望も相対的で、絶対ではない」と心に刻み、絶望に打ち克つ「希望」を持ち続けたい。その生き方が、新しい歴史を形づくることになると信じて。

次章では、「共食と分ち合い」の原点の一つであるヘブル語聖書（ユダヤ教聖典、いわゆる旧約聖書）の民衆の物語を見ておきたい。その伝承はまた、「罪つくりな〝原罪〟の教え」をめぐる物語でもある。

第三章　「共食と分かち合い」の物語の前史

一　罪つくりな「原罪」の教え——「食物」をめぐる最初の記事

菜食と祭りの儀式

創世記1章の「天地創造」物語は、聖書の中では「共食と分かち合い」の生き方を示す最初のメッセージを語る。この伝承は「神話」形式による物語で、そこに込められた象徴的意味が重要だろう。日本最古の「歴史書」と言われる『古事記』（奈良時代の712年成立。『日本書記』は720年成立と言われる）に見られる「天地開闢《てんちかいびゃく》」（天地創造神話）と類似する。

「天地創造」物語が先ず語ることは、神に創造され「命」を与えられた「人間」がどのような存在であるかを示す。注目すべきことは、その人間の「食べる行為」を最初に語ることである。

物語において「神」は、次のように語ったと古代ユダヤ人は記す。『『地は草を芽生えさせよ。種を持つ草と、それぞれの種を持つ実をつける果樹を、地に芽生えさせよ。』そのようになった」と（1・11）。神はまた、「人＝アーダーム」（本来は「土の塵《ちり》」を示し、「もろく弱い人間」を意味する。性別を示す「男」ではない）を創造し、「神にかたどって」（神の似姿・イメージに合わせて）創造したと。また「人間」は、神の掟《おきて》さえ破る「過ちや罪」を犯す存在であるという古代人の「人間観」を示す。同時に、共に生きる「パートナー」として、古代人が考える「人間」として「男と女」に創造したと語る（1・27）。さらに「全地に生える、種を持つ草と種を持つ実をつける木をすべてあなたたちに与えよう。それがあなたたちの食べ物となる」（1・29）と続く。「食物と人間」に関するこの記事を見ると、古代ユダヤ人が想い描く原初の人間は「ベジタリアン」だったことになる。「種を持つ実をつける木」という表現から、果物、穀物、野菜が考えられる。肉食が言及されるのは9章になってからである。ただし、現代人が選んでベジタリアンになるのと違い、ユダヤ人の食事が菜食中心だったことを反映している。

この伝承とガリラヤ人の食生活とはほぼ一致する。ガリラヤ人の食事はパンにオリーブ油と塩（岩塩）をつけ、少しの野菜の煮物を分け合って食べ、飲み物は水とぶどう酒だったと考えられる。肉を食べるのは、特別な祝祭や客人が訪れた時だけで、家畜は「貨幣」と同様に大切であり、羊やヤギの肉を食べるのは特別の時だけだったと推察される。

現代でも菜食中心の民族がいる。通常は、手作業で作る畑のイモ（ヤムイモ、タロイモなど）や穀類、野菜を食べ、野生動物を獲《と》ってその肉を食べるのは祝祭の時である。興味深いことに、古代から色々な地域では敵対する他の村人との「和解や友好関係」を形づくる時に、捕えた野生動物の肉を分けて共に食べると聞く。その際に重要なことは、一定の宗教儀式を行い、神にささげた神聖な麦やパン、また肉を共に食べ、酒を酌み交わして神聖なスピリットをいただくことである。その根底にある「神との共食」と「人との共食」が「平和」をもたらすという思想が儀式に現れている。

禁断の木の実と「原罪」の教え

創世記を読み進めると、神は「エデンの園」に「食べるに良い……あらゆる木を地に生えいでさせ、園の中央には、命の木と善悪の知識の木を生えいでさせられた」（2・9）と語る。神は人間に「園のすべての木から取って食べなさい」（2・16）と示すが、「善悪の知識の木」の実は「決して食べてはならない」（2・17）と戒める。ヘブル語聖書では最初に見られる「禁令」である。

歴史的に見ると、古代ユダヤ人は木の実や野菜を採取する生活から単純園芸栽培に移り、菜食を中心に生きていたと推定される。長い遊牧生活を経て定住生活に移り、その頃から農耕を始めたことが物語に反映されたのだろう。

物語によると、最初に「食物」を口にしたのは「イブ」（エバ、エヴァとも記す）だった。しかも、禁断の「善悪の知識の木」の実である。天地創造の物語に続き、3章から「イブとアダム」また「蛇」が登場し、禁断の「善悪の知識の木」をめぐる話が続く。

「善悪の知識の木」の実は、欧米ではリンゴと考えられてきた。私は長い間、この果実がユダヤ地域によく見られるナツメヤシの実であると思っていた。甘く煮たナツメヤシの実を機会あるごとに食べてきたが、未だに知識の実の効果は現れていない。

キリスト教には古くから次の考えがあった。中世のラテン語でリンゴを示すmalusの意味を、キリスト者が意図的に変えたという説である。malusをmalumに変えると「邪悪《じゃあく》」を示す。「なぜ人間は、罪と邪悪（malum）に満ちているのか」という問いに始まり、その原因は「命」を与えられた「人間」が神の命令に背きmalus/malumを食べたので、「罪と邪悪」が人に入り込んだからだと解釈されるようになったという。そこで、「禁断の実＝知識の実⇒リンゴ⇒罪と邪悪」になり、その解釈を強めたのがミルトンの『失楽園』だと言われる（1667年）。その背景には、創世記の物語を罪と悪の源、すなわち「原罪」を示すとする教えの影響があると考えられる。

［コラム3］「禁断の実と原罪」の「罪つくり」な教え

イブとアダムの物語はキリスト教信仰の核心の一つになり、「原罪」の起源と「人間の本質」を示すという。この物語に原罪の根拠があるとする教えの要点を纏《まと》めると、①原初の人間のイブとアダムは、神の戒めに背き「禁断の実」を食べた。②その際に人間は蛇の誘惑に負け、神への不従順の罪を犯した。③それは神の主権に逆らう自己絶対化、自己神格化である。④以来、人間は「罪ある存在」としての「本性」を持ち、罪を重ねて生きている。⑤その罪が世界のあらゆる罪悪と争いの元凶《げんきょう》になった。⑥「罪ある存在」の人間は、

「罪が赦され救われる」ことにより生きることができる。⑦その「罪の赦しと救い」は、「キリストの十字架の死による贖《あがな》い」による他ないと。こうして、「キリストの十字架の贖罪」また「赦しと神との和解」という信仰の教えに結びつく。

「原罪」の教えを強化するのは、パウロの次の言葉であると言う人もいる。「一人の人間（アダム）によって罪が世に入り、罪によって死が入り込んだように、死はすべての人に及んだのです」（ローマ5・12〜14）と。このパウロの言葉は、イブとアダムの物語を強引《ごういん》に解釈したものである。前述のジョン・D・レーベンソン教授は、クラスで次のように明言していた。「ユダヤ教、また創世記や他の個所にも〝原罪〟を示す教えはない。この物語を原罪の起源とする解釈はキリスト教によるもので、〝罪つくり〟な解釈である」と（本章の四「神のように〝なれない〟人間」を参照）。

「原罪」の教えをキリスト教の根幹《こんかん》に据えたのが、アウグスティヌスだと言われる（5世紀）。キリスト教がこの物語を「原罪」の根拠にしたならば、ユダヤ人またユダヤ教に対して不誠実で「罪つくり」な解釈であると言えよう。

二 「未知の世界」に踏み出すイブ

1 「食べる」という行為

「イブとアダムの物語」の背景 ―― 自立と共生

古代ユダヤ人が語り継ぐ「原初の人間」の物語は、聖書の順序と違い、「バビロン捕囚」と呼ばれるユダヤ民族の大悲劇である捕囚からの解放後に形成されたと考えられる。紀元前597年頃にユダヤが新バビロニア帝国に攻略され、農民を残して「主だった人びと」が遠いバビロンに捕囚として連行され、その50年後に「解放」された時代である(前538年の第3捕囚後)。

ユダヤ人は捕囚から解放されたとは言え、故郷は荒れ果てエルサレム神殿も荒廃《こうはい》していた。人びとは失意のどん底に落とされただろう。解放された人びと、また様々な事情でバビロンに残った人びとも、苦しみと哀しみを抱えて生きざるを得なかったと思われる。この出来事にも、戦争による「社会悪と宗教悪」による民族の分断が示される。

苦難の中に生きたユダヤ人の現実が、「イブとアダムの物語」(創世記1・27以下)の背景にあり、それを語り部が語り継ぎ、決して「希望」を失わずに生きようとしたことが窺《うかが》い知れる。同時に、人間の存在の意味が分からず悲惨な現実に直面してもなお、「共食と共生」の実践を求めるメッセージがヘブル語聖典の最初に位置づけられたのである。そうして、アーダーム（「土の塵《ちり》」としての「人間」を示す）とイブ（「命の根源」を意味。3・20）を互いに「向き合うパートナー」として神は創造したと語る（2・18）。興味深いことに、イブはいつも先に行動するが「アダム」と主・従の関係ではない。人間は、そこで「共食と共生」を求めたと語る。そこに、重要な意味があるだろう。

イブはアダムの「同伴者」であり、両者は互いに「助け合う共助者」である。両者は父権制社会における「男中心」の関係ではない。イブは神の禁令を従順に守らず、思考停止をして服従する操《あやつ》り人形やロボットでもない。「神」との関係においても「主・従」の関係でないことは驚くべきことである。「人」としての「自立と主体性」を持ち、何かを選び取る「自由」を持って決断し生きた人として語られる。

イブはたとえ「過ち」を犯しても、自分の意志と判断で神に命じられた「禁断の実」に手を伸ばした。その時イブは、底知れぬ不安と恐れに満ちただろう。しかし父権制社会において、イブは「勇気」をもってその実を「食べる」という行為をした「最初の人」として示される。

「新しい世界」への先駆者

イブの生き方を「人間」を見る視点で読み解くと、主体的な判断と決断によって多くの限界や壁を乗り越え、禁令を破ってまで生きようとする「人間像」が見えてくる。そのようにして「人」として創造されたイブとアダムは、互いに「向き合う同伴者・共助者」として生きようとした、と物語は語る。捕囚から解放されたユダヤ人は、「命を与えられた存在」としての「自己理解」を持ち、ガリラヤ人もまた荒廃《こうはい》した現実においてこの物語を聞き、語り継ぎ、生きただろう。

イブは「新しい世界」に一歩を踏み出した人である。イブは捕囚後の苦しみの中に生きる「人間」を象徴的に示す存在であり、「新世界」を求める先駆者《せんく》、冒険者、挑戦者として神の掟に逆らってまで「禁断の実」を食べたと言っても過言《かごん》ではない。同時に、イブは「食の独占」ではなく自分の「パートナー」のアダムと「共に食べ」、アダムも「共食」を選んでいる。そのことを苦難の歴史を歩む南ユダの人びと、また北のガリラヤ人はこの物語を聞き、学び、語り継ぎ、生きた、と読み解くことができよう。

ユダヤ人は捕囚中また解放後の苦難においても、「主体性」を持って生きようとした人びとであることを知らされる。その「人間像」を観察して創造物語を読むと、人びとが語り伝えた物語は、人間が主体性を持って生きることと、それを踏みにじる権力者の暴力にも屈せず、その権力に抗う生き方を示す伝承であると理解できる。山口里子さんが指摘するように、「国家権力に抵抗する自由を支持する物語」(『新しい聖書の学び』54〜55頁)としての特徴を示す伝承であろう。そのようにして、イブとアダムの物語は「民衆の物語」として伝承されたと思われる。この物語は、「失楽園」に生きる人間が「共食」を通して「共生」の喜びと責任を分かち合い、「新しい世界」に歩み出した先駆者としての「人間」を示すと見てよいだろう。

2　パートナーとの共食と分かち合い

共食と分かち合いに伴う責任

「楽園」から旅立つイブとアダムは、「共食と共生」に責任を持つ存在であり、その責任に伴う労苦を担って生き始めている。二人は労働の苦しみがあっても知恵と工夫により希望を実現しようとする意欲を失わず、「失楽園」の中で生きようとした。関根清三さんは次のように言う。神は、二人が「神から独立して生きていこうとする時、その恥を皮衣で覆ってやり、彼らの旅立ちを保護し認可」したと(『旧約聖書の思想』137頁)。先の山口里子さんの指摘と合わせて物語を読むと、ユダヤ人は捕囚また解放後の辛酸《しんさん》を極める「失楽園」の現実においても決して「希望」を失わず、権力に抵抗して生きる人間、その人間を「守る」神を信頼し、この物語のメッセージを語り継いで生きたと言えよう。

この物語から、強いられた不条理や苦しみにおいても権力者の暴力に抵抗し、過ちを犯しても再起する人間の意志と決断、勇気と希望を持って生きる「人間」の生き方を知らされる。物語はさらに諸宗教を超えて、個人的な人間関係からグローバルな人間と自然との関係を考えさせるものである。「食の独占」に結びつく争いや侵略によって破壊の絶えない世界の中で、「共食と共生」の生き方と責任の重要性を示す物語である。この使信を私たちは受けとめたい。

見過ごせないこと

しかし、ここで、看過《かんか》できないことがある。捕囚から解放されユダヤに帰還《きかん》できた人びとが、人間の生き方を示す物語を聞き語りつつ、捕囚されずに南ユダ・ガリラヤの地で農耕に従事し、搾取されていた農民を「地の民」(アム・ハー・アレツ)と呼ぶようになった現実である。本来、「地の民」は「農民」を示した。しかしその呼び方は、捕囚前後からイエス時代に至る過程で差別用語になったことを見過ごせない。また物語によると、イブとアダムは禁断の実を食べた行為を神に問われ、互いに「責任転嫁《てんか》」をした。そこに「人間の生の姿」が浮き彫りにされていると思う。

以上のことを見据えつつ、「失楽園」という荒廃《こうはい》した世界の中で必死に生きようとした「人間」を、古代ユダヤ人はバビロン捕囚からの解放後にその経験を語り、聞き、学び、生きようとしたのである。

三 「失楽園」に生きる人間

神話を生む想像力と感性の豊かさ

「天地創造」物語は、冒頭で次のように語る。「初めに、神は天地を創造された。地は混沌《こんとん》（カオス）「であって……」と（1・1以下）。古代ユダヤ人にとって、自分たちの生きる世界がどのようにして生まれ、人間とその「命」はどこから来てどこに行くのか、生きとし生けるものがどのような存在なのかは重要な問いだった。そこで人びとは、「神」が創造した天地を語り、「人間」とその現実を語るのである。

2500年以上も前に、捕囚の苦難の中に生きる南ユダの人また北のガリラヤ農民は、しばし夜空に輝く無数の星を見上げ、天地の無限の有り様と人の「命」の神秘、その儚《はかな》さを思いめぐらすこともあっただろう。人間の弱さや愚かさ、過ちや罪、限りある「命とその尊さ」を心に刻み、色々なことを自問自答したと思う。そうして、神との関係の中で世界や人間の命と存在の意味について語り出すのである。

このような創造神話を読むと、「神話物語」の形式を通して「天地創造」を想い描く古代ユダヤ人、また同様の神話を語り伝える諸民族の想像力や感性の豊かさに驚きを禁じ得ない。

［コラム４］ 神話と象徴――失楽園に生きる人びとの物語

「天地創造」と同様の物語は、神話形式で世界各地の諸民族の間に見られる。前述のように、日本の神話（『古事記』の「天地開闢《かいびゃく》」）も同じである。重要なことは、民族や時代によって象徴表現は多様だが、古代人が神話を通し豊かな想像力によって語る使信は何かである。例えば、「神の似姿」（創世記1・26）として「人間」が造られたことは何を意味するか。しかも「土の塵《ちり》」で造られたとは何を意味するか。「混沌」とは、「エデンの園」「蛇」「禁断の実」は何を示すのか、と。

捕囚から50年後に解放されたユダヤ人とその子孫が故郷に戻ると、そこはエデンの園（理想郷）とはかけ離れた「失楽園」（現実世界）の状態だった。創世記が纏められたのはその頃で、創造物語は神話の象徴表現によって失楽園＝現実に生きる人間の実態と混沌（カオス）を示す。また人間と神についての洞察を語る。創造神話は、人間の考察から生まれた「人間と神」をめぐる物語であろう。

深刻な経験を通して

ユダヤ人はバビロニアとの戦いと敗北を経験し、互いに殺し合う人間の愚かさを知らされただろう。また、傲慢《ごうまん》になる人間の偽らざる現実を問われたと思う。人びとは捕囚から解放されても、全員が故郷に戻れた訳ではない。望郷《ぼうきょう》の悲しみを抱えながら仕事や色々な事情で異国の地に残り定着する人、また50年を数える捕囚中に生まれ異国の地が故郷になった人もいた。その人びとは、「ディアスポラ（離散）のユダヤ人」として生き続けた。捕囚後の解放は、民族の「分断」をもたらしたのである。

さらに、捕囚から解放された人びとは、帰還しても信仰の危機的状況に直面した。戦争によって信仰の基盤である神殿は破壊され、十戒を刻んだ二枚の石板を入れた「神の箱」も打ち砕かれていた。神殿や十戒はユダヤ人が生きる基盤だっただけに、その深刻さは計り知れない。にもかかわらず、人びとは神に尋ね求め、危機を乗り超えて生きようとしたのである。

そこで語り部は語る。神が「命」を与えた「人間」は、「共生」する存在である。性別や民族や階級で人を差別してはならないと。物語は、神が「人」を創造し、「神のかたち＝自分の似姿」として人間に「尊厳」を与えたという自己理解を示す伝承であろう（創世記1・26〜27）。その人間が、禁断の実を食べて歩み出す「生の姿」を天地創造の物語は語る。

四　神のように「なれない」人間

善悪を知りたい人間の姿

「土の塵」から造られた人間は、禁断の実を「食べると……神のように善悪を知るものとなる」（3・4）と蛇に誘《いざな》われ、「その木はいかにもおいしそうで……賢くなるように唆《そそのか》していた」（6節）と物語は語る。「イブ」は、「蛇」の言葉にそそのかされて「神のようになる」ことへの欲求に負け「禁断の実」食べたと読み解くことは、父権制社会に生きる現代人の「女性差別」の理解を通して主張している可能性が強い。その点に留意して読むと、性別に関わらず相対的で脆《もろ》く崩《くず》れやすい人間が「人間以上」になりたいという傲慢、エゴイズム、自己神格化の欲求に引きずられる「人間の生の姿」の一端を示唆《しさ》していることが見えてくる。加えて、ユダヤ人は捕囚を通して「神」のような知恵と力を持つ存在には「なれない」人間の現実を、捕囚の経験を通して知らされたことに注視したい。それでも創造物語が語る「人間」は、神のようにすべての善悪を「知りたい」との欲望と、「蛇」の誘いとが共鳴し合う現実に生きる存在であると示す。同時に、人間が「神のようになりたい」という欲望に縛《しば》られる存在である、という危《あや》うさが示されている。

けれどもユダヤ教やキリスト教のみならず、「蛇」は古代から世界各国の神話や古代の遺物に見られ、脱皮することから「命と復活」の象徴とされてきた。また、知恵や知識を示す象徴であると理解された。しかし、キリスト教では従来、この物語を次の順序の展開のように解釈してきた。「蛇」がイブを堕落へと誘《いざな》う象徴として示し⇓イブがアダムを誘惑⇓アダムは誘われてイブと同様に神の禁断を破る「罪」を犯したと。そして、人間は「原罪」を持つ存在であると語り、キリスト教の「原罪」理解の根幹《こんかん》にこの物語を据えてきた。

しかし、その「罪つくり」な解釈、また「禁断の実」を食べた人間の「原罪」理解に対する批判については、先に述べた通りである（三章一「罪つくりな〝原罪〟の教え」、また「コラム3」）。

「食べる行為」の肯定的メッセージ

捕囚から帰還したユダヤ人が語り継ぐ壮大な原初の物語を語り・聞く人びとは、「神は一体どこにいるのか」と問わざるを得ない信仰の危機に生きていた。その現実において、人びとにとって禁断の実を「食べる」イブとアダムの行為は、高柳富夫さんが指摘するように、神の禁令を破る神への不従順、傲慢やエゴイズムの発露《はつろ》、自然と人間と神との関係破綻《はたん》である「死」を意味した（『いま、聖書をよむ』100頁以下）ことは確かだろう。その上で、この物語に肯定的で積極的なメッセージを聴き取ることができるとすれば何であろうか。

そこで受けとめるべき重要なことは、①ユダヤに帰還した人びとがバビロンに残って生きる人びとを覚えつつこの物語を形成したこと。②混沌とした現状の中で苦しむ人びとを奮《ふる》い立たせ、③「人間」の創造と存在の意味と同時に、「共に生きる」ために「イブとアダム」の物語に「希望」というエッセンスを加えた話である、ということである。そこに視点を合わせると、この物語の中に新たな使信を見出すことができそうだ。

物語が語る肯定的メッセージを求めると、人間は「共に食べる」ことを選び、その行為を通して「自立と自律」、「共食と共生」の道を歩み始めたことである。その生き方が新たな歴史を形成し、新世界に向かって希望を持って生きようとする使信を見ることができる。

「共食と分かち合い」の物語を具体化するイエス

イエスは、ガリラヤの環境と歴史の中で「天地創造」を含む北イスラエルの宗教伝承を何度も聞き、その影響を受けたと思われる。イエスと人びとは、幼い時から夕食の時に、中庭で「闇に輝く星の光」を見つめこの物語を聞いただろう。このことを単に「想定」として退けられない。創世記などの宗教伝承を語り部が語り継ぎ、生きようとしたガリラヤ人の日常を考えると、その想定は当然に思えてくる。それらの物語は、中庭での「夕食」の時に伝承された「民衆の物語」だからである。イエスを証言する多様な「共食」物語も、ガリラヤの歴史と環境、宗教伝承の影響を受けて「人」によって形成されたのである。

イエスをめぐる諸伝承の背後には、様々な口頭伝承（口伝）を語り継ぐガリラヤの民衆が存在し、その物語を集めて独自に編纂《へんさん》し記したマルコを初めとする福音書著者たちがいた。それらの諸伝承には、強いられた苦難に生きる人びとの熱気と息づかいが満ちている。

また、イエスが「神の支配・神の国」の具体化を求めて生きようとしたことには、ローマ帝国や南ユダの社会的・宗教的支配者に対する抵抗の生き方が見られる。彼が語る「神の支配」は、「神の国の宴《うたげ》」としての「共食と共生」の物語を通して語り伝えられている。そこに、ガリラヤ人がイエスに示された「希望」を感じ取ることもできるだろう。

地中海一帯を旅する伝道者として生きたパウロと彼の七つの手紙、また彼の「信奉者」が書いたパウロの名による諸文書には、「食物」をめぐる出来事や歴史の転換点を示す物語が見られない。イエスの「言動や生き方」を語る伝承は皆無《かいむ》である。従って以下の章では、諸福音書が語るイエス物語を中心に学びたい。彼が徹底した非暴力によって「社会悪と宗教悪」に抗い、「社会的弱者」にされている人の「生きる」をいつくしむ「歴史的実像」を探求するためである。

第四章　ユダヤ教律法の価値基準——食物規定と「食」のタブー

一　福音書の「共食」物語を素材にして

律法遵守に抗うイエスの「共食」

ガリラヤに生きたイエスの実像を、諸福音書が語るイエスの「共食」物語に視点を合わせて探求すると、彼は律法の「食物規定」が示す「食のタブー」を批判し、その規定から自由な生き方を示したことが見えてくる。そこで律法の「食物規定」に先ず注目し、可能な限りガリラヤに生きたイエスに肉薄したい（食物規定については、川島貞雄『聖書における食物規定』）。

律法の食物規定から見れば、異邦人は「タブーの食物」を口にする「汚れた」人びとだった。異邦人と接するイエスもまた、タブーを犯す「汚れ・罪人」と見なされた。またガリラヤ人は、宗教権威者を含む南ユダの人びとから「異邦人のガリラヤ」に生きる者と蔑称《べっしょう》される存在だった。

イエスが生きたガリラヤはエルサレム神殿を中心にする南ユダとは異なる歴史・環境・風土などを持つ地域だった。ガリラヤ人はユダヤ教の諸宗派とは異なり、記述律法の遵守《じゅんしゅ》と違う口頭伝承の律法や北イスラエルの宗教伝承を語り、聞き、学び、律法から比較的自由に生きたと推定される。しかし、ユダヤ教の権力者は律法や組織・秩序を重視し、互いの違いや多様性を認めない。ガリラヤの歴史・環境・風土の中で生育したイエスは、「社会的弱者」にされていた人と共に生きるために律法厳守を迫る宗教権威者と論争し、批判し、抗って生きたのである。

福音書に登場する宗教権威者は、主にユダヤ教ファリサイ派の教師だった。彼らは、歴史的に見ると、本来は下層階級や農民出身者で、ガリラヤ人を「再ユダヤ化」するために南ユダの神殿体制から派遣された宗教指導者だった。彼らは、律法の価値基準によってガリラヤ人を再教育しようとした。従ってファリサイ派の教師は、律法の規定から見て「罪人や徴税人」、病《やまい》や心身に不自由を持つ人、女性、異邦人と食事を共にするイエスの行為を許せなかったのである。

［コラム5］　イエス時代の「識字率」

私は『ガリラヤに生きたイエス』で、「識字率《しきじりつ》」について次のように記した。イエス時代の「地中海世界で識字率は5％以下と推定され、ほとんどの人が……読み書きをできず……文書を書き残すことができたのは、……〝エリート〟たちで」（41頁）、ガリラヤでは「北イスラエルの伝統と習慣、物語や宗教伝承を記憶し、口頭で教え語り継いでいきました……」と（157頁）。多くのガリラヤ農民は売り買いに関する簡単なメモ以外は、記述律法を読み書きできなかったのは確かだろう。ただし現在、識字率は3％以下、またその前後と推定する研究者もいて、識字率は何を算定基準にするかで違いが生じる。

ガリラヤでは、ヘレニズム文化の華《はな》を咲かせたセッフォリスなど三つの大都市やカファルナウムなどの中規模の町を除き、ガリラヤ人の90％以上を占める農・漁民の識字率はかなり低かったと推定される。都市や町は経済の中心地・収税の基地であり、都に住む富裕者や貴族、ユダヤ教権威者などは、ギリシャ語を読み書きできたと考えられる（『イエス誕生の夜明け』の各所を参照）。地中海一帯また都市などでは識字率は高く、農・漁村地域の人びとの識字率は低かった、と言うに留めておきたい。

「負い目」を持つイエスの旅立ち

イエスは、ナザレの村で生涯の大半を兼業農民（農業と木工《もっこう》職人）として生活し、本来なら歴史の表舞台に現れる人物ではなかった。しかし彼は、父ヨセフを早くに亡くし（没年齢は不明）、「家長」になった後も「マリアの子」と蔑称《べっしょう》されていた可能性がある（五章2の「誕生と律法教育」）。彼は人生の晩年になって家を離れ（当時の平均寿命は30～40歳前後）、ガリラヤの村々をめぐる旅に出た。その旅立ちは、血縁による父権制家族関係から自由になったとしても、家族に多大な経済的負担を強いるものだった。彼にとって、権力者に搾取された貧困家庭の「家長」の責任を放《ほう》棄《き》したことは大きな「負い目」になったに違いない。そのことを見逃がすと、彼が数年間の旅で示した革新的な振る舞いと教えが多くの人びとを魅了《みりょう》し衝撃《しょうげき》を与えたと強調されるだけで、「イエスの実像」を見失うことになりかねない。

イエスと同伴者は、旅の途上でユダヤ教権威者と論争し、律法の価値基準による教えを批判し、人びとの苦しみや哀しみに共感・共苦して生きようとした。彼はまた、宗教権威者が律法を遵守しない人や病などで守れない人びとを断罪したその「罪」を無条件で無効にし、「罪」の呪縛《じゅばく》からの「解放」を宣言した（マルコ2・1以下、並行箇所）。宗教権威者は当然、律法の規定から自由になって生きるイエスを断罪した。しかしガリラヤの人びとは、彼の驚くべき言動を「記憶」し、「伝承」し始めたのである。彼はやがて、宗教権威者の画策《がくさく》と共にローマに逆らう「政治犯の一人」として、ローマ帝国の極刑だった「晒し柱」の死に追いやられることになる（筆者の『ガリラヤに生きたイエス』五章「晒し柱——犠牲のシステム」）。

そのイエスの生き方や「共食」物語は、日々の食物に事欠く人びとや語り部によって語り伝えられ、後に各福音書著者の視点から福音書に記されることになった。

「キリスト教」成立前のイエスの「共食」物語に立ち帰る

歴史を見ると、ローマ帝国の権力者とユダヤ教権威者の共謀《きょうぼう》によってイエスが「政治犯の一人」として処刑されたのは確かである。その出来事の直前に、イエスの協働者たちが彼と決別・

逃亡し、「イエス運動」は挫折《ざせつ》した。しかし驚くべきことに、協働者の中の女性たちが内在的・実存的に「今」自分の内に生きるイエスとの出会いを経験し（「復活」の経験）、彼女たちによって運動が新しく受け継がれた。逃げ去った男性も女性に促されてイエス運動に参加し、最初期のキリスト者は紀元1世紀半ば頃から小さな「集会」（エクレーシア）を作って活動し始め、「最初期キリスト教」を形成したと思われる。

ただし、「最初期のキリスト教」を形成したのは「ユダヤ教」の「ナザレ派」の人びとだったと言われ（キリスト教をナザレ派と呼ぶユダヤ教徒もいる）、また「贖罪」理解も最初期のキリスト者以前から継承《けいしょう》された信仰概念だったと従来から主張されてきた。この主張によって研究者が何を言いたいのか理解できないが、この主張には、次の認識を欠いているのではないだろうか。イエスの「協働者」になった女性は「人権」も認められない存在で、時代的にも後代の宗派だった「ナザレ派」の人でもなかったこと、また「ガリラヤ人」は以前に北イスラエルに属していた部族で、それらのユダヤ人も「ガリラヤの民衆」だったという歴史的現実である。さらにガリラヤに生きたイエスは、「まえがき」で述べたが、「人のための犠牲の死による贖罪」という意識と自覚を持たず語ってもいない、という現実を無視できない（五章三の3、他）。イエスは人の「罪を赦す」ために死ぬことを意識して自己犠牲として自分をささげたのではなく、人と共に最後まで希望を持って「生きようとした」のである。

重要なことは、イエスの生き方と思想を継承する「迫害されたキリスト教」が、歴史の変遷《へんせん》を大局的に見て、「迫害するキリスト教」に「変質」したという問題意識である。この認識と視点を欠いては、緻密《ちみつ》な研究も議論のための議論に終わるのではないだろうか。

私の理解では、イエスの死後にもしばらくは「迫害されていた」最初期のキリスト者は、次第に「イエス運動」を強化・組織化していったことを見逃せない。また保身のために、イエスの晒し柱の処刑というローマの権力者に強いられた「死」を「贖罪の自己犠牲の死」と理解する「意味づけ」を強化し、「キリストの神格化」の教えを形成し教え始めていることである。そこにキリスト教の歴史の大きな分かれ道が見られる。その過程において2世紀頃に教会の職制や職務などの形成を通して（I・IIテモテ、テトスの牧会書簡にすでに見られる）、宗教権威者が諸信条や使徒信条、現在のキリスト教の中心的な信仰理解や神学・教義の核になる教えを形成したことを認める必要があるだろう。そうして権威・権力化していくキリスト教は、遂にローマ帝国の「国教」にまでなった（392年。「公認宗教」になったのは313年）。そのお墨付《すみつ》きを得る前から、キリスト者はキリスト教至上主義によって多くの暴力や罪を犯している。「社会悪」に結びつく「宗教悪」である。「キリスト教」はガリラヤに生きて「迫害されたイエス」とは真逆《まぎゃく》の「迫害する宗教」に変質し、イエスの生き方との間に大きなギャップを生んだ。ガリラヤに生きたイエスの「生と死」の歴史に異なる意味づけをし、大胆に言えば「歴史修正主義」とも言えるキリスト教の在り方をもたらしたと指摘すると言い過ぎだろうか。問題は、現在もその「キリスト教」を継承していることを認識して新しく生きようとしないことである。

私たちは、イエスの処刑死の後に組織化・体制化する「キリスト教」とその権威者が形成した信条や使徒信条に信仰の基を据えずに、イエスが示す福音、相互に「生きる」をいつくしみ合う「福音を生きる」生き方に立ち帰る必要があるだろう。「共食と共生」の物語が示すイエスの生き方と思想を探求し、学び、社会悪と宗教悪に抗う生き方に倣《なら》うことが「キリスト教の新生」に繋《つな》がる未来がある、と私は思う。

二　歴史の「ターニングポイント」になる物語

イエスの食事――ユダヤ教とキリスト教の狭間《はざま》

イエスの「食」物語は、歴史の「ターニングポイント」になる出来事を示す。ガリラヤの人びとは、歴史の転換点になるイエスの出来事を「共食と共生」をめぐる物語としても語り継いだのである。

イエスは、ガリラヤで伝えられた北イスラエルの宗教伝承を聞き・学ぶ環境の中で育《そだ》ち、また親類関係にあった洗礼者ヨハネと共に、幼少の時からヨハネの父である祭司ザカリアにヘブル語聖書の伝承や律法を口頭で教育された可能性が高い（ルカ1・5以下など）。同時にイエスは、幼い時からガリラヤの村人と共に「互助」としての「共食と共生」の大切さを身につけたのだろう。

イエスの律法から自由な「食の交わり」は、特に「罪人や徴税人」と規定・差別された人びととの「共食」であっただけに、宗教権威者から「罪」と断罪された。徴税人は庶民から重税を取り立て、異邦人の下で働く者としてガリラヤ民衆からも差別されていた。けれどもイエスは、その徴税人や律法によって「汚れている」と規定されて差別・排斥された心身に病や不自由を持つ人、羊飼いなど仕事ゆえに律法を守れない人などと共に自由で大らかな食事をすることによって、律法の価値基準に抗う生き方を実践したのである（六章三「徴税人レビのもてなし」）。

イエスの「共食」の場には、男性中心の父権制社会において「非人間化」された女性や子どもたちもいたことは確かだろう。寡婦《かふ》や極貧《ごくひん》のゆえに身を売って生きざるを得ない女性たちもいたと推定されている。宗教権威者や社会的権力者は、イエスの食事が社会秩序と宗教体制を乱す行為であるとして許せなかった。ガリラヤ人の中にも、彼の言動を認めがたい人びともいた。そのために、彼は「徴税人や罪人の仲間になった」（マタイ11・19、ルカ7・34）と揶揄《やゆ》されている。

「無資格者」とされた人との共食

イエス時代の社会では、宗教と政治は分けられない関係にあった。そこから見えてくる重要なことは、社会的・宗教的権威・権力者から見て、イエスは律法により「無資格者」(「最も小さくされた者」マタイ25・40)と見なされた人、社会の周縁《しゅうえん》に追いやられている人と飲み食いを共にする「罪人《ざいにん》・政治犯」だったことである。

さらに見過ごせないことは、南ユダとガリラヤの人びとは共に、色々な名目による徴税でローマ帝国と南ユダの神殿国家体制の「搾取のシステム」によって苦しめられていたことである。そのために、南北の庶民や農民の多くは貧困を強いられていた。しかし、南北の人びとや被差別者の間にも、「差別 ― 被差別の関係」が生じていた。特にガリラヤ人は、南ユダの人びとからも「異邦人のガリラヤ」と蔑称《べっしょう》され、その人びとの中でもさらに「罪」とされた被差別者がいたのである。

ガリラヤの人びとは、「生存の危機」に追いやられていた。その状況の中で、人びとは互いに食物を分け合う「共助」の生き方を育《はぐく》まれ、イエスもその環境の中で生きていた。ガリラヤ人にとり、「共食と共生」は北イスラエルの宗教伝統に沿った大切な「生き方」だった。しかしそのことと矛盾して、ガリラヤ人もまた宗教権威者に「罪」と断罪された被差別者など「社会的弱者」にされていた人びとを差別・排斥したことを看過《かんか》できない。イエスは、その「罪や汚れ」と見なされた「無資格者」と共に食事が乏しくても大らかな「共食と共生」の実践を公然と実践して生きようとしたのである。

イエスとその経験を共にした人びとが語る民衆の物語は、イエスが宗教権威者や庶民に非難されても、誰をも分け隔てなく「共食」の時を大切にして生きようとしたことを示す。「徴税人や罪人」との食事もまた、「神の国の宴《うたげ》」を象徴するものだった。彼は神に感謝し、祈り、讃美し、人びとは小さな竪琴《たてごと》を奏《かな》でて歌い(イエス時代以前には、ガリラヤ湖が「竪琴・キノル」に似ているのでキネレト湖と呼ばれた)、共に踊ることも欠かせなかった。イエスも人びとと共にワインを飲み、笑い、歌い、踊っただろう。イエスの「食」物語からその状況を思いめぐらすのも愉快《ゆかい》なことである。彼と人びととの「共食」は大切な憩いの時と場になり、特に社会において苦しみを強いられていた人びとの「共生」の源になっただろう。

イエスの言動は、ガリラヤの庶民にとっても驚きだった。宗教権威者の律法理解と価値基準を批判したイエスは、ガリラヤ人も差別・分断していた「徴税人や罪人」と食事を共にしたからである。その意味でも、彼が具体的に示した「共食と共生」の生き方と思想は、ユダヤ教とキリスト教との間において新しい歴史を形づくる「ターニングポイント」になっただろう。

三　垣根や境界線を超える視点

1　「社会的弱者」にされた人との共食

イエスの革新的行為

イエスの「共食と共生」の在り方を見る上で、「誰と食べるか」という視点が重要になる。「誰と」に注目する理由は、食事に序列や条件、制限などがあり、特定の人を排除する現実が見られ、人と人とを分断する「境界線」が多様な形で引かれていたからである。また、誰と食べるかによって食の「タブー」の問題も見えてくる。

その視点から見ると、イエスと「社会的弱者」にされていた人との共食は、多くの垣根や境界線を超えていたことを明白に示している。社会的・宗教的な慣習や規則に抵抗する極めて「革新的な行為」と見られて当然である。彼の食卓が自由で大らかであるほどに、彼の振る舞いは社会や宗教の規範、その在り方に抗う「挑戦的な行為」になった。その生き方は、「生きる」ことを踏みにじられた人びとの「人間性と人権」、また「生存権」の回復に結びついていた。

「誰をも分け隔てなく」ということは言うほどに易《やさ》しくない。しかしイエスにとって、たとえ非難されても様々な境界線を超えた多様な人びととの共食は、互いの苦しみや弱さを共有し、共に生きる喜びを具体化する行為だった。そうであるだけに、人びとは宗教権威者の教えと価値基準から解放され、律法の「食物規定」を批判するイエスの振る舞いは、ガリラヤ人にも革新的過ぎる行為に見えただろう。同時に、私たちに対する重要な生き方の指針を示している。

さらに、「食物規定」が示す「食のタブー」に視点を合わせ、社会的・宗教的に差別・排斥されている人びとが必死に生きる現実と、イエスの振る舞いや教えに注目したい。

2　食のタブーとカシュルート、そしてコシャーフード

（1）あやしげな規範——「タブー」（禁止規定）

食のタブーとカシュルート、そしてコシャーフード

イエスの「共食と共生」の生き方と思想を探《さぐ》るために、その前提になるユダヤ教律法の食物規定が示す「タブー」の教えと考え方を確認したい。食物規定は律法の価値基準を示し、人びとを分断する機能を果たしていたからである。また、現代に生きるユダヤ人の食物規定として、タブーの食品と適正食品の規定（カシュルート）、食べることが許される食物（コシャーフード）に

ついても略述する。

現代のユダヤ人の中には、律法の規定を遵守《じゅんしゅ》する「正統的ユダヤ教」の人びとと、かなり自由に規定を受けとめる人びとがいる。しかし、古代から守られてきた律法の「食のタブー」の規定が、生活の基盤になっていることは確かである。ただし、タブーの基準は不確かで、あやしげな規範《きはん》であると言えるかもしれない。

一般的に「タブー」と言っても、健康上のタブーは別である。食物アレルギーを持つ人の場合、そば粉や小麦粉、牛乳などは「生死」に関わるのでタブーである。病気により服薬禁止や飲み物のタブーもある。それらを別にして、諸宗教には「〜を飲食してはならない」という禁止規定が見られる。また、世界の諸国や民族、社会や共同体、特定のコミュニティには不文律《ふぶんりつ》の禁止や規則もあり、それらを総括的に「タブー」と呼ぶことにする。

タブーは通常「禁忌《きんき》」と翻訳され、社会や民族また共同体の価値観を示す。タブーは、人びとの行動を規制する社会的・文化的な約束や規範になり、その多くは宗教的規律に結びついている。

遠まわしの表現

婉曲《えんきょく》的表現の具体例を挙げると、例えば「死」に関係することや「縁起が悪い」ことはタブーで話題にしない。あるいは遠まわしに表現することがある。天皇や高貴な人が亡くなると「崩御《ほうぎょ》される」、「お隠れになる」などの表現が用いられてきた。「雲隠れする」という言葉も、本来は天皇の死去を示す言葉だった。ガリラヤ人にとって重要な北イスラエルの預言者エリヤは、ヘブル語聖書では珍しく「死んだ」と言われず、「嵐の中を天に上って行った」（列王記下2・11）と婉曲的に語られている。

マスコミが踏み込んではならない領域《りょういき》、決して批判してはならないタブーもある。日本ではイギリスと違い、天皇や皇室への批判は一般的にタブーである。このようにタブーにされることは、社会や文化、宗教によって違いが見られるが、その基準は曖昧《あいまい》である。

（2）なぜ、タブーが生まれるのか？　日常生活を規制する規範

ユダヤ教律法の「タブー」とその価値基準は、人びとの日常生活を規制する強力な規範として機能した。例えば、あらゆるものを聖と汚れ、浄と不浄などに区別し、差別化する教えや律法になっている。女は「不浄で汚れ」であるとの律法は、毎月の生理などに起因《きいん》し、ヘブル語聖書のレビ記などに示される。それらの価値基準は、社会の至る所に見られ、例えば女性は聖なる領域から排除される「女人禁制《にょにんきんせい》」の規範がある（源淳子、他共著『現代の「女人禁制」』）。女性は霊山に入れないという規定は最近では有名無実になっているが、子どもや成人女性の「女相撲」がある

のに大相撲の土俵に「女性は上がれない」という父権制の根強い考えが未だにある。相撲協会は「神事《しんじ》」であるなどと理屈を言うが説得力はない。何を恐れて変えようとしないのか。

様々な差別の根源には、浄と不浄、聖と汚れなどの価値観、特に宗教に基づく考えや慣習が強固に根づいている。タブーを犯すと、神や超自然的なものから罰や制裁《せいさい》がくだされるという考えが生まれ多様なしきたりとタブーになり、それを犯すことはご法度《はっと》になる。

なぜタブーか?

なぜタブーの食物規定があり、それを宗教的に強化するのか。タブーが「なぜ」生まれ、いつ決められたのか、その基準は何か、などについて納得《なっとく》のいく説明は見られない。

イギリスの文化人類学者メアリー・ダグラスの『汚穢《けがれ》と禁忌《きんき》』(塚本利明訳)によると、生物を分類する上で明確に分けられない生物が「穢《けが》れ」として「禁忌」にされたと言う。例えば、豚はひづめが割れているのに反芻《はんすう》しない。牛・山羊・ウサギなどは「ひづめと反芻」の特徴から見ても合理的に分類できない属性が見られ、それが原因で「不浄」にしたとの説も生まれたと主張する。しかし、彼女の研究が優《すぐ》れているにしても、以上の意味づけは説得力に欠ける。従って、それらの差別や区別、境界線や基準が「なぜ」生まれたかは不明確のままに定められ、タブーは宗教、国や民族、時代や地域によって異なると言えよう。同じ民族や地域でも歴史や食文化によって違いが生じている。

体制維持、結束と排除の基盤

タブーの規律を厳守することは、民族や共同体の「結束《けっそく》と存続」を願うことと密接に関係している、と思われる。タブーの規則や禁止事項は、権威・権力者、特に男性によって作られた歴史がある。神職《しんしょく》を担う人には女性が多いのに、宗教規則や戒律は宗教権威者や社会的上層階級にいる男性によって定められてきた。男性の権威や権力の保持、その体制維持、神秘性や神聖性を強化するためであろう。その役割と機能は、父権制社会の在り方の特徴の一つと言える。

またタブーの規律は、人びとの結束を強め、規律を遵守《じゅんしゅ》しない人を排除するのに効果的である。特に民族差別や性差別、心身に病や不自由を持つ人への差別などを示すタブーの規律は、「違い」を持つ人びとに対する根強い「排斥と分断」の基盤になる。タブーを定めることには、そもそも「強者」である男性の自己中心による「あやしげな動機」が秘められていると考えられる。

ヘブル語聖書の「食物規定」も、以上のような男性の権威・権力者の保身が働いて形成されたと思えてならない。また、宗教祭儀や教えが「聖なるもの」として「秘儀化《ひぎか》」（神秘化や神聖化）され、それを堅固《けんご》にするという土壌《どじょう》があればこそ厳守されるべき規律や戒律になるのだろう。

ある「宗教」は、キリスト教に似て非なる宗教団体だが「聖書」を用いて「布教《ふきょう》」している。

しかし、聖書に根拠のない「輸血拒否」の信仰的教えによって、輸血さえすれば尊い命を助けられる死に瀕《ひん》した子どもにさえ輸血を拒否する。また、死んでも神のもとに生きることができると「意味づけ」をする。このような教えや規律は、信仰者や子どもの親を「洗脳」し「思考停止」にさせ、宗教体制を維持する機能を持つ。ある総合病院の医療倫理委員会で、私は委員の一人としてこの輸血拒否の深刻な問題をめぐって発題をし、対応策《たいおうさく》を協議したことがある。この「宗教」の実態を見ると、「宗教」が示す現実もカルト・オブ・デスの一つの例証としか思えない。最近、その宗教の教えと信仰上の教育・指導の名のもとに親が子どもを虐待してきた事実が子どもたちの勇気ある発言により明らかにされ始めている。

イエスは、「人間」として生きることを否定された人びととの「共食と共生」の実践を通して「尊厳ある命と人権」また「生活権と生存権」を回復する生き方を示した。そして、「宗教」の価値基準や教え、また宗教者が人を差別・排斥する現実に抵抗する生き方をしたと言えよう。

食のタブーを生む理由

フグの肝《きも》を食べることは、古くから日本の漁師にとってタブーだった。フグの肝には強烈な毒があるからだ。しかし、フグの肝も知恵と工夫によって絶品の食に変えたのも漁師だった。健康や衛生上の理由から食のタブーを生むことは合理的な考えによる。ただし、危険視される食材を禁止することと、宗教的・社会的な教えや価値基準によるタブーとを峻別《しゅんべつ》する必要がある。

以上を踏まえて、ある種の食物をタブーにする理由を挙《あ》げてみたい。①健康や生死に関わること、②生理的嫌悪感《けんおかん》や心理的抑制《よくせい》の有無、③地域や民族の歴史による食文化の違い、④動物愛護や自然保護、⑤宗教上の教えなどである。イエス時代のユダヤ教は、食べて良い物とタブーの食物を厳格に定め（レビ記11章や申命記14章、他）、その禁止規定や戒律を遵守するか否かで人を差別・分断する機能を果たしていた。そのことにより、父権制社会の上層階級にいる男性権力者（少数の女性も含む）の体制維持や存続のために、タブーの規律が大きな役割を果たしたことを無視できない。さらに、宗教の「神秘性や神聖性」を強化したのだろう。

イエスは人びとを分断・排斥する律法や食物規定に抗い、「共食と共生」の具体化を求めて実践した。重要なことは、彼の生き方が律法の価値基準によって社会的弱者にされた人の「生きる」をいつくしみ、各人が「人」として生きることができるように「人間性と人生」の回復を求めるものだったことである。

3　ユダヤ教の食物規定

カシュルート（適正食品規定）

食物規定の特徴を見るために、その主な主張を次の三つに纏《まと》めると、①「血」を食べてはならないこと。従って、完全に血抜きをしていない肉は禁止。②肉類や乳製品を一緒に食べてはならない（後述。創世記18・1以下のアブラハムの「もてなし」は異例）。③「豚」などの動物や昆虫など一定の生き物を「汚れ」と規定する、などである。

ユダヤ人は、食物規定に従って食べることができる食物を「コシャーフード」と呼ぶ。それらの規律はレビ記7章、特に11章以下に起源する（川島貞雄『聖書における食物規定』19頁以下、48頁以下）。その規律は、生き物を「神聖な物と汚れた物」に区別し、食べて良い物・悪い物を厳格に定める。「カシュルート」（適正食品規定）によると、タブー以外の肉でも特別な屠殺《とさつ》方法（シェヒーター）を用いなければ食べることはできないようだ。

同時に、何にでも例外はある。イスラエル国防軍では緊急の場合に限り豚肉を食べてもよく、食器を使用して「汚れた」食器は廃棄《はいき》すると聞く。キリスト教は倫理・道徳に厳しくて敷居《しきい》が高く、食物についても制限があると思う人も多い。「酒やタバコはだめですか」と聞かれたことが何度もあった。喫煙《きつえん》は、他の人に迷惑が及ばない限り各人の自由だろう。個人的には、キリスト者である・なしに関わらず、健康上の理由で喫煙は止めたほうが良いと思う。ただし、プロテスタント教会の中には、時代状況のゆえに禁酒禁煙を厳しく教えた宗派もあり、一部の宗派は、今もその教えを遵守する。しかし、現代のキリスト教では基本的に食のタブーや規定はない。何でも自由に飲み食いする司祭や牧師は、「生臭《なまぐさ》司祭・牧師」と呼ばれるのだろうか。

しかし、食物規定を否定したイエスは「大酒飲みで大食らい」と非難され（マルコ7・1以下、特に15節、19節など）、伝道者パウロは「市場で売っているものは……何でも食べてよい」（Iコリント10・23以下）と明言する。パウロは本来、キリスト者迫害に奔走《ほんそう》したユダヤ教教師だった。その時にはタブーの規定を厳守していたのだろう。キリスト者に「回心」後（紀元33年頃）、異邦人伝道の際に食物規定やタブーから解放され自由に飲食をできたので、先のように明言できたのかもしれない。

歴史の産物

モーセ五書（創世記から始まる五つの書）の中に、「子山羊をその母の乳で煮てはならない」という規定が三度も記さている（出エジプト記23・19、34・26、申命記14・21）。肉と乳製品を一緒に食べてはならないという禁止規定で、魚は乳製品と一緒に食べてよいようだ。従って、フィッシュバーガーを食べることができても、肉とチーズをはさむチーズバーガーはタブー。そのタブーの背景には、食物規定を破る偶像崇拝の儀式を行うことを恐れ、タブーの食物を「汚れ」として禁じる意図があったと推測する中世の神学者もいた（マイモニデス、1135～1204年）。

ところが、信仰の祖と言われるアブラハムは、「三人の旅人」を迎えた時に小麦粉で作ったパン菓子、子牛の料理、凝乳《ぎょうにゅう》（ナチュラルチーズやバター？）と乳を食卓に並べ、共に食べたと伝えられる（創世記18・1以下）。ユダヤ人は旅人の「もてなし」を一期一会《いちごいちえ》の時として大切にしたとしても、この食事は律法から見ればタブーを犯している。なぜ、アブラハムはそうできたのか。

それには訳《わけ》がありそうだ。アブラハムの時代には「肉と乳製品」を一緒に食べてはならないという食物規定がなかったからだと推定できる。食のタブーと規定、「清い物と汚れた物」に関する清浄《せいじょう》規定は、アブラハム以後に「モーセの律法」に定められたと考えるならば理解できる。この規定を後代の律法の教師（ラビ）が拡大解釈し、「肉と乳製品を一緒に食べてはならない」と定めた可能性がある。また食物規定は、次第にコシャーフード（食べてよい食物）として細かく定められることになる。アブラハムの時代ならば、人びとはチーズバーガーを食べることができたのかもしれない。

ということは、ユダヤ教の厳格な食物規定やタブーも歴史の産物で、「絶対視」してはならないということである。歴史において律法の解釈に多様な変遷《へんせん》が見られ、特例や例外規定も生まれている。このことは、ユダヤ人に限らず歴史に生きる人びとが規定や慣習を生む際の必然かもしれない。

4　なぜ、カシュルートのような規定があるか？

異教・異文化との境界

先に、タブーが「なぜ」定められ宗教的に強化されるようになったか、と問うた。しかし、その理由について納得《なっとく》のいく説明を見出せないが、「体制維持、結束と排除の基盤」の強化が原因した可能性があると記した（先述の三の2の2「なぜタブーか？」と「体制維持、結束と排除の基盤」）。さらに、次の歴史的事情があったと推測できる。

ユダヤ民族は、常に異教や異文化と接触する機会に晒《さら》されていた。「神以外のものを神としてはならない」という「十戒」（出エジプト記20・3〜17、申命記5・7〜21）の教えのゆえに、ユダヤ人にとり異教の神々、異邦人や異文化に接することは「汚れ」になり信仰的危機をもたらす可能性がある。加えて、異教世界の帝国に支配される危険もあった。従って、異教や異文化との間に厳格な「境界《きょうかい》」を定めることが重要だった。その境界の一つとして「浄・不浄」などの規定を作ったのが男性であり、それを厳守させるのも男性の宗教権威者だったと思われる。

しかし、食べてよい物（コシャーフード）と禁止される物（タブー）を記すレビ記11章を見ても、その基準や理由は語られていない。異教徒やその文化に触れることを避けるために浄・不浄の食物規定を定めたとしても、その規定を作る際の「基準と理由」については「よく分からない」と言う方が正確だろう。信仰上の規律は、論理や理屈を超えると言っても説明にならない。これらの規定を決めた男性の権威者たちが、良く分からないままに決めてしまった可能性も否定できない。

共同体を統率する役割

確かなことが一つある。何かを忌み嫌《い》うタブーに定め、あらゆるものを聖と汚れ、浄と不浄に分ける規定ができると、本来「共に生きる」ための規律であった教えが、人びとや共同体の生活を規制する強力な「規範」の「価値基準」になったことである。モーセ五書の中核を成す律法、聖と汚れ、浄と不浄などの規定、また食物規定は、特にその機能を示す。

そのようにして、どれほど矛盾し「意味不明」と思われる規定であっても、一方で律法は歴史に生きた共同体の結束を固め、強化する役割や機能を果たす。他方で律法を遵守できない人は差別・排斥され、理不尽な差別など「非人間化」の苦しみを負わされることになったのだろう。同時に、食物をめぐるカシュルート（食物規定）とコシャーフード、その食文化は、長い歴史を通じてユダヤ人のアイデンティティと宗教の支柱になったと思われる。

四　「食」をめぐる主な問題のまとめ

ユダヤ人の食物規定と食のタブーを概観《がいかん》すると、大まかに三つのことを心に留めて「共食と共生」の実態を理解する必要があろう。

①ユダヤ人は、古くから伝承されてきた律法や慣習に従い、「共食」を豊かにするために創意工夫をし、知恵を用いてきたこと。人びとは時によって融通《ゆうずう》を効《き》かせ、各時代の社会状況に合わせて歴史を織り成す歩みをしてきたと理解できる。問題は、イエス時代の主としてファリサイ派の宗教権威者が、律法の遵守を人びとに強要したことである。

②ユダヤ人が厳守した食物規定やタブーも、「歴史の産物」であること。先に示したアブラハムの時代にはタブーや食物規定が定かでなく、「聖と汚れ」などに関する清浄規定はアブラハム以後にモーセの律法に定められたことがその一例だろう。ただし、「なぜ」そのような律法や食物規定が定められたかについては不明。

③イエスは「なぜ」、律法や食物規定から自由に生き、ファリサイ派に代表される教師たちと論争し、律法や食物規定に抗ったのか。イエスは彼らの律法理解を批判し、南ユダの神殿

国家体制に抵抗し、ローマの「晒し柱」の処刑死に追いやられたのかという問題を見逃せない。ユダヤ人は石打の刑を除き「死刑」の判決権を持たなかった。しかし、宗教権威者は、律法の規定を守らない・守れない人びとを「罪人」や「汚れた人」と断罪することはできた。それはまさに、人びとを「律法」の価値基準によって排斥し、イエスが示す「共食と共生」とは真逆の在り方を示してきたと言えよう。

以上のことが、イエスの「食」物語の背景にあると推定される。さらに、彼の「食」物語を理解するために、その前史になる「共食と共生」の物語、すなわち「イブとアダム」の物語を想い起したい（三章）。そこに、ユダヤ人の「人間理解と共食」について示されているからである。

次に、イエスの生き方と思想に大きな影響を与え、革新的な歩みへの道を拓《ひら》いた洗礼者ヨハネとイエスとの関係を見ておこう。

第五章　洗礼者ヨハネとイエス——いなごと野蜜

一　イエスの先駆者

1　洗礼者ヨハネの登場

政治的・宗教的体制への批判者

四福音書に共通することは、イエスがガリラヤで活動する前に、一人の登場人物について語ることである（マルコ1・1以下、マタイ3・1以下、ルカ3・1以下、ヨハネ1・19以下）。彼の名前は「ヨハネ」（ヘブル語で「ヤハウェは恵み深い」を意味）と言い、イエスとほぼ同時代に生まれたと思われる。彼は、イエスと親族関係にあった（ルカ1・36以下）。ヨハネは「私よりも優《すぐ》れた方が、後から来られる」（マルコ1・7、他）と告げるが、彼を「メシア・救い主」とは言っていない。その「優れた方」がイエスだった（筆者の「荒れ野の洗礼者とイエス」『信徒の友』2023年12月号を参照）。彼はイエスに希望を託し、未来に眼差しを向ける先駆者であり、ユダヤの歴史とイエスの生き方を繋《つな》ぐ「架け橋」になった預言者として描かれる。

福音書が語るヨハネは、荒れ野のヨルダン川のほとりで「洗礼」（バプテスマ）を授ける活動をしたと言われる。そのために彼は、「洗礼者ヨハネ」と呼ばれた。彼が生きた「荒れ野」は昼夜の寒暖の差が厳しく、盗賊や野獣がいつ襲うか分からない「生と死」に関わる場であった。現在の観光名所は別にして、歴史的にヨハネが活動した荒れ野がどこかは不明だが、絶えず危険が伴う「荒れ野」に彼は生きていたのだろう。また、荒れ野は象徴的意味を持ち、社会と宗教から排斥され「非人間化」された人が社会の周縁で生きざるを得ない「場」を示す。

ヨハネの洗礼活動は、自分のもとに来る人を待つ生き方で、イエスは人びとの生きる場に分け入る生き方だった。イエスはある時期、ヨハネの弟子・同僚《どうりょう》になり、その後に彼から離別し、村々の「荒れ野のような現実」の場に出向いて生きた。両者の間には「人生の方向性」に違いが見られる。イエスは、切実な「助け」を求める人の場に自ら赴《おもむ》き、祭儀に依らず、その人の「生きる」をいつくしむ（愛する＝大切にする）生き方を求めた。

ヨハネの「洗礼」は、全身を水に沈め（バプティゾウ、「浸《ひた》す」を示す）、再び水の中から引き上げる行為だった。それは象徴行為で、水に沈められて一度死んで「罪」が清められ、再び水から引き上げられ「新しい命」を与えられることを示す。（神道の「禊《みそぎ》」など、諸宗教に類似する行為が見られる）。彼の「洗礼運動」は、ユダヤ教が行っていた一日に何度も身体の「汚れ」を清める儀礼の「沐浴《もくよく》」（ミクヴェ）と基本的に連続するが、「生涯に一度」で良いとされた。彼の「洗礼」は、「罪」を悔い改め新しく生きるための行為で、ユダヤ教では異例で革新的だった（後述。また

「コラム7」を参照)。

ヨハネは、世襲《せしゅうせい》制が常の父権制社会において父ザカリアの祭司職を継《つ》がず、荒れ野で洗礼活動をした。その言動は、神殿の祭儀、祭司の職制と職務に批判的・革新的な生き方を示す。加えて、彼は「終末」接近と倫理的実践を強調して語った。

さらに彼は、ガリラヤの領主ヘロデ・アンティパス(ヘロデ大王の息子。紀元前4~後39年在位)に対し厳しい倫理的教えに基づきヘロディアとの再婚を断罪した(マタイ3・1以下、並行箇所)。ヨハネの生き方と教え自体が政治的で批判的な言動を示し、大きなムーブメントを惹《ひ》き起こした。そのために彼は、ヘロデに「斬首《ざんしゅ》」された(マルコ6・27、並行箇所)。その処刑は、彼を政治的・宗教的に断罪する行為だった。その意味でも、彼はイエスの先駆者になった。

イエスもヨハネからユダヤ教の伝統に沿った「清め」の「洗礼」を受け、彼の「弟子・同僚」として活動したと思われる。ただしイエスは、一度も他の人に「授洗《じゅせん》」したとは言われていない(後述)。彼もまた、ヨハネの死後に、政治的・宗教的権力者に抗った罪で、宗教権威者の画策《かくさく》もあって、ローマ帝国の極刑で「政治犯の一人」として殺された。その処刑は、政権内部の権力者と民衆への「見せしめ」であった。

次に、イエスの「共食と共生」に注目する際に、ヨハネが禁欲生活において食べていた「食物」に目を向けたい。

2　いなごと野蜜

荒れ野の預言者ヨハネの食べ物

ヨハネは、「らくだの毛衣を着、腰に皮の帯を締め、いなごと野蜜を食べていた」と伝えられる（マルコ1・6、並行箇所）。服装や食物については歴史的に確定できないが、その描写は紀元前9世紀頃に北イスラエル王国で活動した預言者エリヤを想起《そうき》させる。彼も荒れ野で、同じ服装と食料で活動したと伝承される（列王記下1・8）。ガリラヤの民衆は、「荒れ野のヨハネ」と「荒れ野のエリヤ」を重ねてイメージし、福音書著者マルコはエリヤの伝承を念頭《ねんとう》に民衆のヨハネ伝承を用いて「ヨハネ」を描いたと考えてよいだろう。

ヨハネが荒れ野のヨルダン川を拠点《きょてん》に活動し、「いなごと野蜜」を食物にしたと言われることから、彼は禁欲的預言者として示される。しかしイエスは、ヨハネの運動から離れた後に禁欲生活をしていない（後述）。毎日の食事に事欠《ことか》くガリラヤ人にとっても、ヨハネの「禁欲」はそもそも無用だった。イエスは、ヨハネの革新的生き方を違う形で継承したと言えよう。

ヨハネは「いなごと野蜜」を食べていたと伝えられるが、ほとんどの昆虫はタブーだった。けれども、「いなご」はユダヤとその周辺に何種類もいて、数種類のいなごは「食べてよい」と規定されている（レビ記11・22）。いなごは重要なタンパク源で、飢えを凌《しの》ぎ栄養補給になった。ガリラヤ人のいなごの調理方法は焼くか炒《いた》め、また干して食べたと想像できる。ただし、ヨハネは「いなごと野蜜」しか食べなかったとは考えにくい。彼は禁欲的預言者であった、と伝える動機《どうき》が働いたのかもしれない。ただし、彼の居住場所については全く言及がない。

ヨハネが食べた「いなご」と「野蜜」

いなごはユダヤを含む周辺世界に何度も大発生し、その大群が畑の農作物を食い尽くす恐ろしい「災《わざわ》い」として出エジプト記や他の資料にも記録されている（出エジプト記10章）。いなごは、ヨハネのみならず庶民にとり「命を保つ」食物になったと同時に、「命の危機」をもたらす「災い」でもあった。というのも、地中海一帯の農民は、繰り返しいなごの被害による飢饉を経験したからである。いなごは作物を「食い尽くす」、「食い滅ぼす」などの表現がヘブル語聖書に多く見られ、被害の深刻さと飢餓による「死」をもたらしたことは私たちの想像を超えていただろう。ガリラヤ農民も同様だった。

現代でも、世界各地でいなごによる被害と飢饉が起き、2010年にはオーストラリアでいなごの大発生により農作物が「消失」したと言われる。日本でも大恐慌《きょうこう》の頃に、いなごによる飢饉が起きている（1935〜1936年）。しかし、いなごの来襲《らいしゅう》の時に、人びとは生き延びるために「いなごを食い尽くす」思いを持って食べたのかもしれない。現在、いなごの佃煮《つくだに》を手に入れるのは困難ではない。その佃煮は、食べた感触と味がエビに似てオカエビとも呼ばれる。

ヨハネはまた、「野蜜」を食べたと言われる。彼が食べた野蜜はイナゴ豆だったと考える人がいる。イナゴ豆は、熟すと莢《さや》に甘い蜜がたまるそうだ。ルカによる福音書15章16節は、その豆をタブーの豚の餌《えさ》にしたと記すが、栄養価も高く貧しい人びとの間では食べられていたようだ。豆の大きさや重さがほぼ均一であることからダイヤモンドの大きさの目安になり、ギリシャ語でイナゴ豆をケラティオンと言うことから「カラット」という言葉も生まれている。

野蜜は、ナツメヤシの実だったとする説もある。実が熟すと蜜のように甘く、滋養強壮に良いと思われたからだろう。山我哲雄さんによると、イスラエル王国成立以前に「イスラエル」と呼ばれる十二部族連合が成立した（紀元前1200年以降。佐藤研さんとの共著『旧約新約 聖書時代史』42～43頁）。その時代の「士師《しし》」（指導者・戦士）の一人だった女預言者デボラのことが、「デボラの戦勝歌」に見られる（士師記4～5章、他にメルエンプタハ碑文）。彼女の名前はヘブル語で「蜜蜂」を意味し、「ナツメヤシの木の下に座を定め」と言われている（士師記4・4～5）。彼女が精力的な活動をしたことを彷彿《ほうふつ》とさせる。そのことにも関係し、カナンで食べられていた蜜はナツメヤシの実であると推定されてもいる。彼女に関する伝承もまた、ガリラヤを含む北イスラエルで語り継がれた。

ヨハネが食べた野蜜は「蜂蜜」だったと言う人もいる。彼が活動したヨルダン川のほとりには村々が点在して野山もあり、蜂蜜を得ることができる。農薬もなく、深刻な大気汚染も受けない自然の蜂蜜は、大切な食物であり栄養源になっただろう。彼が禁欲生活で何を食べたかは確定できないが、「いなごと野蜜」と共に人びとの「施し」を受けたと想定することもできる。

ヘブル人にとっての蜜

ヘブル民族の指導者ミリアムと弟モーセの指揮のもとに「自由と解放」を求めて「出エジプト」した人びとは、40年間（長期間を示す象徴的年数）荒れ野の旅を続けたと伝えられる。ヘブル人は、神が約束したカナンの地を「乳と蜜の流れる土地」と呼ぶ（出エジプト記3・8）。ヘブル語聖書に19回も出てくるほどカナンを「乳と蜜」という食物で表現し、その地を目指して旅を続けたと言われる。

［コラム6］　**出エジプトの指導者「ミリアム」と女性たち**

エジプトでモーセが誕生した時、エジプト王は「生まれた男の子は……ナイル川に放り込め」と命令する（出エジプト記1・22。イエス誕生の際に2歳以下の男子殺害があったとの伝承はモーセの誕生に呼応《こおう》。マタイ2・16）。その時モーセを救ったのが姉のミリアムと女性たちだった（出エジプト記2章）。出エジプトの際に追撃《ついげき》するエジプト軍が「葦《あし》の海」で大敗し、彼女は預言者として「小太鼓を手に取り」歌い踊ったと語られる。また「勝利の歌」を歌い、彼女を中心に女性たちが人びとを鼓舞《こぶ》する様子を示す（15・20〜21）。

1950年代、特に1980年代以降のフェミニスト神学者たちの出エジプト記の研究によると、①エジプト王の命令に抗い子どもの「命」を救ったのはミリアムと女性だった。②女性たちは「12人」と言われる（イスラエル十二部族を示す象徴表現）。③彼女たちは、知恵と策《さく》を用いて王に抵抗した。④出エジプト記の物語とは逆に、最初に「勝利の歌」を歌ったのは「女預言者ミリアム」だった（15・20〜21）。その歌を基に「モーセの勝利の歌」（15・1〜18）が生まれた、などが言語分析や文体構造の研究から明らかにされた。

以上のことから、ミリアムはモーセと共に出エジプトの指導者であり（ミカ書6・4もそのことを示す）、預言者また祭司であったことが判明する。ミリアムが死を迎えた時、イスラエルの「共同体全体」が彼女の死を悼《いた》み、埋葬したと語られるのも頷《うなず》ける（民数記20・1〜2）。

ヘブル語のミリアムは、ギリシャ語に音訳されると「マリア」になる。イエスの母マリアはその一例で、モーセにしてもイエスにしても、女性たちの働きなくして語ることはできない。

「乳と蜜の流れる土地」は、遊牧生活を続けるヘブル人の強い願いと希望を示すだろう。「乳と蜜」という表現には、「食べるに困らない」と言う以上に「未来への希望」が込められている。厳しい荒れ野の旅で人びとが夢見たカナンは、「乳と蜜」が地に流れ落ちても気にしないほど豊かな地である、という願いが込められていたとしても不思議ではない。

また、ヘブルの民は荒れ野で飢えた時に、神から「マナ」という食物を与えられたと伝承される。それは「白く、蜜の入ったせんべいのような味がした」(出エジプト記16・31)と。箴言《しんげん》の文言《もん》を残した賢人も、「わが子よ、蜜を食べてみよ、……滴《したた》る蜜は口に甘い」(箴言24・13)と語る。賢人は、暴力と死が渦巻く中で、「蜜」を「共食」する平和な「未来への希望」を語りかけていると理解できる。ミリアムとモーセ、ヘブル人、洗礼者ヨハネ、イエスもまた、イエスにしても皆、時の権力者の暴力に「抗う」人物として登場するのも興味深い。イエスもまた、「未来への希望」を胸にヨハネと共に一時期だが「いなごと野密」を食べたのかもしれない。

3　ヨハネの禁欲的生き方とイエスの解放的生き方

ヨハネは洗礼活動において迫《せま》り来る終末を意識し、神の裁きに備えて悔い改め(メタノイア。人生の方向転換）と厳しい倫理的実践が不可欠であることを語った。当時、人びとの間に熱狂的に広がっていた終末信仰と共に、彼はすべての人が神の裁きのもとに終末を迎え、新しい世界と歴史が到来すると告げていた。

以上の状況を踏まえた歴史的推測だが、ヨハネとイエスとの関係を以下のように纏《まと》めることができよう。

（1）誕生と律法教育

①ヨハネは、ユダヤの歴史とイエス以後の歴史を結ぶ「架け橋」になる預言者になった。彼はイエスに希望を託し、未来に眼差《まなざ》しを向ける禁欲的先駆者・預言者として語られる。

②彼は祭司ザカリアと妻エリサベトの間に生まれる。エリサベトは不妊と言われたが、やっと与えられた子がヨハネだった。「不妊」と語るのはドラマ性を高める文学的表現と思われる。

③彼はおそらく、幼い時から祭司の子として律法の教育を受けた可能性が高い。ルカによる福音書に記される彼の教え、また律法の知識から見て確かだろう。しかし、彼は祭司職を継がず荒れ野で洗礼活動を始めた。このことは、伝統的な神殿祭儀の権威を批判する革新的な言動になった。

④イエスとヨハネは親戚関係にある。マリアが彼を身籠《みごも》った時、彼女は「親類のエリサベト」

に相談したと福音書が伝えたことはそのことを示す（ルカ1・36以下）。ヨハネとイエスは同時期に生まれ、家系を重んじるユダヤ人の親族関係の中で同時代を生きる。

⑤イエスもヨハネと同様に、祭司ザカリアから口頭で律法を中心に教育を受けたと推察される。イエスの律法の知識は卓越《たくえつ》し、律法の教師との巧《たく》みな論争の仕方を見てもその蓋然性《がいぜんせい》は高い。教育を重視するガリラヤでは、彼が幼い時からヨハネの家を訪れ学んだと考えてよいだろう。

時期は不明だが、彼は父を早くに亡くし「マリアの子」と呼ばれた。ユダヤの慣習では父の名前の後に男子の名を付けるのが通常で、彼がそのように呼ばれたことは「父の分からない子」という差別的蔑称になった可能性がある。彼は、幼い頃から差別の哀しみを経験したことを否定できない。

（2）活動の場所と特徴

⑥ヨハネは荒れ野で洗礼運動を繰り広げる。彼は、ガリラヤの領主ヘロデの結婚を律法に背くと糾弾《きゅうだん》し、人びとに終末的状況を生きるために厳しい倫理的教えの学びとその実践を求めた。彼が語る神の裁きは、ユダヤ教の権力者にも向けられた。そのために、宗教的・政治的権力者に抵抗するヨハネの言動は、律法により排斥され断罪された人びとの心を捉《とら》えた

だろう。

⑦イエスもまた、同時代の終末的熱狂に影響を受け、ヨハネの洗礼運動に魅了されたと考えられる。従って彼は、ある時期ヨハネの弟子もしくは同僚として運動に参加する。彼がヨハネから「受洗」したのは確かであり（マルコ1・9〜11、並行箇所）、ヨハネの言動に影響を受けたと思われる。その後、イエスは洗礼運動から離れ、活動舞台は荒れ野ではなく村々になった。そこは、ガリラヤの人びとが「荒れ野のような現実」に生きる場であった。

［コラム7］ ヨハネの洗礼活動とイエスの罪意識

人びとは、宗教儀礼《ぎれい》として「汚れ」を清める「沐浴・ミクヴェ」を一日に何度も行うように教えられていた。ヨハネは迫り来る終末に備え、「アブラハムの子孫」だけが救われるという教えに反し、すべての人に生涯一度の「洗礼」と「実践」の重要さを主張した。このことは何を意味するのか。ヨハネの洗礼は出自や民族によらず、回数にもよらない。重要なことは、終末に備えて人生の「方向転換」としての「悔い改め」と「実践」を主張したことにある。このことは、ユダヤ教の歴史とアイデンティティに反する行為である。祭司の子だった彼の教えと活動は、神殿国家体制の中心だった祭儀への批判にもなった。

イエスは、ローマ帝国と南ユダの神殿国家体制の支配に苦しむガリラヤ民衆の一人だった。彼も当時の終末的熱狂に影響され、多くの人と同様に「罪」意識を持ったのだろう。「家長」を放棄《ほうき》し旅立ったことも、家族への「罪責と負い目」になったと思われる。彼はヨハネの運動に魅了され、人生の方向転換としての「悔い改め」の「洗礼」を受けている。その後イエスは、ヨハネの禁欲的生き方、終末理解や「悔い改めの洗礼」に関する理解とは異なり、彼の洗礼運動から離れる。イエスの言動は、ヨハネの「宣教」理解との違いを示す。

(3) 罪の赦しと権力者への批判

⑧イエスはその後、「洗礼」という儀礼によらず、神殿国家体制を支える宗教権威者が律法によって人を断罪する「罪」を無条件に無効とし否定した。人を「非人間化」する罪の呪縛《じゅばく》から「解放」したのである。ヨハネによる福音書9章1節以下の「生まれつきの盲人の癒し」の伝承もまた、「本人」でも「両親」が「罪を犯したのでもない」と断言する。彼の言動は、先述したように律法の価値基準の教えを全面否定し「罪からの解放」を宣言したことを示す。同時に、この宣言は贖罪信仰の「罪の赦し」とは異なり、「罪や汚れ」と規定され「非人間化」されていた人びとを「生きていける存在」として「肯定」し、「受容」し、「共生」することだった。また、ルカによる福音書7章36節以下の「罪深い女」と呼ばれる人に「あなたの罪は赦された」と断言する。このイエスの言動も、律法によって「罪」と

断罪される人の「罪」を否定し、その呪縛から「解放」したことを示す（ルカ8・1以下の「悪霊から解放された女性たち」、ヨハネ8・1以下の「姦通《かんつう》」をしたと断罪される女性の物語も同様）。彼は、神殿国家体制と宗教権威者、その祭儀への批判をその生き方によって示した。その結果、彼はユダヤ教とローマの権力者の支配体制への抵抗者、また反逆者と見なされた。

⑨ヨハネは、社会を揺《ゆ》るがす不穏分子《ふおんぶんし》としてガリラヤの領主ヘロデに斬首《ざんしゅ》され非業《ひごう》の死を遂げる（ヨセフス『ユダヤ古代誌』18・118以下や他の資料から紀元30年過ぎと想定される）。イエスはローマ皇帝の名代《みょうだい》だったユダヤ属州の第五代総督ポンテオ・ピラト（在位、26～36年）により、「晒し柱の刑」に処せられる。イエスのみならず多くの危険分子と見なされた人びとが、「予防的弾圧」のもとに晒し柱で殺された。その処刑は民衆にローマの権力を誇示し、ローマ皇帝に反逆を企《くわだ》てる権力者に畏怖《いふ》の念を与える「見せしめ」のシステムとして機能した。

ヨハネの死後、彼の洗礼運動は歴史に消えていった。イエスの処刑後、彼の宣教活動も南ユダ神殿国家やローマ権力によって迫害され潰《つぶ》された。しかし、彼の生き方に共鳴する人びとが挫折と権力者への恐れを超えて「イエス運動」を「新生」することになる。その先駆けの働きをしたのが女性たちだった（後述）。

（4）イエスの開放的・包含的な食事

⑩イエスが宣べ伝えた「神の国」は「現在の事柄」であり（ルカ17・21、他）、死後の「あの世」の世界ではない。彼は社会の現実の中で人の働きを通して「神の愛が生きて働く場」としての「神の国」の具体化を求め、独自の道を歩んだ。

⑪彼は、ヨハネの活動の方向性、また禁欲的食事や生活様式とも決別する。そこで彼は、荒れ野ではなく人びとが生活者として生きるガリラヤの村々をめぐり歩く。その生き方は、ローマとガリラヤの権力支配、また宗教権威者の教えによる暴力、差別や非人間化などに踏みにじられる一人ひとりの「いのちの尊厳と人権の回復」に結びついた。彼の言動は、人の「生きる」をいつくしむ歩みであった。

⑫イエスの活動を三本柱として示すと、「神の国」の教えの実践と宣教、社会的・宗教的権力者に「非人間化」された人の全人間的な「いのちの尊厳や人権」の回復と「罪」からの解放、第三に「共食と共生」の使信と具体的実践だった。

「共食と共生」に視点を合わせると、イエスの共食は「神の国の宴」として誰をも排除することなく行われたことが分かる。その食事は「開放的・包含的《ほうがんてき》な時と場」であり、律法によって「徴税人や罪人」また「汚れた者」と規定・排斥された「社会的弱者」との共食だった（マルコ2・13以下、並行）。その人びとは、共食の時と場から排除されていただけでなく、ガリラヤに生きる人びとの共同体からも分断され、被差別者にされていたのである。イエスの「共食と共生」の食事は、人びとと社会から打ち捨てられた「社会的弱者」との「神の国の宴」を具体化する行為だった。

二　イエス時代の人びとの生活環境

1　農民の生産物

農民の生活

イエスの「共食と共生」のテーマを探《さぐ》るために、彼が生きたガリラヤ人の住環境、農産物、食事などについて以下に概観《がいかん》したい。というのも、誰もが生きる基盤になる住環境や日々の現実、風土や文化、また歴史などによって、その人格形成や人生に深く影響を受けるからである。

イエスが生育したナザレの村は（彼が「ナザレのイエス」、「ナザレ人」と呼ばれる由縁《ゆえん》である。マルコ1・24、マタイ2・23、他）、墓や住居、耕作地の発掘から、諸説あるが５００人程の人口だったと推定される（後述。「３００人」程と言う人もいるが、発掘調査からさらに多い集落と推定される）。

また、イエスの活動舞台だったガリラヤは異邦地域と隣接していたので、エルサレムの都を中心にする南ユダの人びとから「異邦人のガリラヤ」と侮蔑《ぶべつ》されていた。

ガリラヤは基本的に農村社会だった。ガリラヤ湖のほとりにはマグダラ（「マグダラのマリア」で知られ、「タリケアエ」とも呼ばれた）という漁村があり、漁業経済の基地の一つで塩漬けの魚や干し魚を作る工場もあったと考古学調査から知られる。イエスの協働者になったペトロやアンデレなどの漁師を含め、ガリラヤに生きる90％以上を占める人びとは農民や漁民、あるいは兼業農民だったと推定される。

イエスは、農民また「木工職人」（テクトーン。ガリラヤには陶器職人を別にして「大工」などの専門職人はいなかった）として兼業を生業《なりわい》に生活をしていた（筆者の『ガリラヤに生きたイエス』三章一「農民・木工職人」143頁以下）。村人は少額の貨幣を使っていたにせよ、村々で開かれる青空市場で物々交換や売買をし、基本的に自給自足の生活だったと思われる。

イエスは「石工職人」だったと考える人もいる。理由の一つは、従来の欧米・日本語訳を問わずギリシャ語辞書の多くがテクトーンを「石工職人」（あるいは「大工」など）と翻訳していることに起因するかもしれない。また、紀元前3500年頃に現在のイギリス南部などで驚きの巨石文化が発展し、巨大な石の建造物や精密に石を削り組み立てた遺跡が現在も発掘されていることにも原因があろう。当時から高度な技術を持つ石工職人がメソポタミア地域に移動し（エジプト最古のピラミッドは紀元前2500年頃もしくはそれ以前に建造と推定)、イエス時代にもユダヤ地域に存在したと想定する研究者もいる。

しかし、ガリラヤ農民は「共助と共生」の生き方を育《はぐく》み、石工や大工職人を必要としなかった。村人の生活形態や発掘遺物を見ると、村共同体に生きる農民は協力し合って個々の家を建て修復したと考えられる。ガリラヤのいくつかの都市や南ユダの神殿、また豪華《ごうか》な家の建造には、異国の石工や大工職人が雇われたとの記録もある(サムエル記下5・11、他)。

イエスは幼い時から畑仕事や木工の手伝いをし、農具の木製部分、燭台《しょくだい》やテーブル、スプーン、皿やお椀、家の入口や二階の部屋などの木製個所などを作ったと発掘調査からも想定できる。木工職人は、当時の社会層では下層に位置づけられる貧しい人だった(古代の社会体制では中間層、中流階級はなかったと想定される)。

生産物

ガリラヤ農民は、古代イスラエル王国が成立する頃から(紀元前1200~1100年頃、イスラエル十二部族連合が王国として成立)荒地を開墾《かいこん》し、井戸を掘り、用水路や漆喰《しっくい》で固めた用水池を作り、簡単な農具で農作地に改良を重ねたと考えられる。長年の努力もあって、北イスラエルに属するガリラヤでは主に三つの作物を作ることが可能になった。耕作地の発掘から見て、小麦や大麦などの穀物、オリーブ、ぶどうなどで、他に色々な野菜や果物も作っていたことが分かる。紀元1世紀頃には、ナザレと同規模のカスリンの村も発掘されその調査報告と同様に、ナザレの村の周辺にもオリーブやぶどう畑の耕作跡があり、ぶどうの種も発見されている。穀物の収穫量が年に70トン以上あり、500人前後のナザレの村人が栽培《さいばい》できる量だったと推定される。村人はオリーブ油やワインも作り、羊や山羊も飼っていたようだ。村人は、農業を基盤に自給自足の生活をしていたことは確かだろう（現在のナザレの人口は8万人を超えると言われる）。

2　人びとの生活環境

考古学調査から分かること

考古学調査や古代病理学などから、さらに人びとの生活状況が分かってきた（筆者の『イエス誕生の夜明け――ガリラヤの歴史と人びと』、参考にした欧米文献も参照）。遺骨の分析によると、死亡率と生存率、栄養や衛生状態、患《わずら》っていた病気や身体の不自由なども検証されている。耕作地や住居跡から、人びとの食生活や作物の収穫量、住環境や村の人口なども推定されている。

他の発掘現場からいくつかの「櫛《くし》」も発見され、櫛にはシラミの卵がびっしり付いている写真を見た時、当時の人びとの衛生状態や生活環境の一端《いったん》を見るようだった。病理学者によると、人

筆者撮影の石臼

びとの平均寿命は30〜40歳と推定されている。健康寿命はさらに短く、人びとは寄生虫に犯され、肩や腰の骨格も変形し、歯の何本かを早くから失い、眼病も珍しくなかったようだ。多くの人が、若くして色々な病気を患い苦しんでいたことを、想像力を働かせて推測できよう。また、ガリラヤ人の多くは収穫した作物を搾取され、日常的に食物が乏しく痩《や》せて病弱の人も少なくなかったと遺骨の分析からも推定される。

村人の生活環境を推定できる遺物《いぶつ》も発見されている。石灰岩を使い漆喰《しっくい》で補強した水槽、穀物をすり潰《つぶ》す石臼《いしうす》、ぶどうやオリーブを絞《しぼ》る道具と置き場所、オリーブ油やワインを貯蔵する桶《おけ》や壷、陶器、生活用品などである（筆者の『よくわかる 新約聖書の世界と歴史』89頁の写真参照）。

住環境と中庭を中心にした共同体

ガリラヤの村人は、共同体として「共助」また「相互扶助《ふじょ》」の実践をしていたと思われる。人びとは協力し合い、石灰岩や玄武岩、日干《ひぼ》しレンガや泥また木を用いて家を作り、土間は土で固めている。居間の床は木造箇所を別にして土にワラを混ぜて平らにし、乾いたワラや動物の皮を敷《し》いたようである。屋根は木の幹や枝、また土や泥で固めて作り、石灰岩の板も補強のために用いたようだ。先に述べたように二階や屋上のある家もあり、家の中には二階に上る梯子《はしご》や階段、外には屋上に上る梯子が付けられたと思われる（筆者の『よくわかる新約聖書の世界と歴史』65頁の写真参照）。

マルコによる福音書2章1〜12節に一つのエピソードが語られている。四人の人が、イエスのもとに病人の癒しを求めて担架《たんか》で運ぶが、群集のために家に入れず屋根に上ったという。そこで有ろうことか、屋根の一部をはがしてイエスの前に吊《つ》り下げ、癒していただいたという出来事である。恐らく土ぼこりが舞いイエスの頭に降《ふ》り注《そそ》いだと想像できる。当時の家の素材と造りを考えると有り得た話だろう。

ガリラヤでは雨期の時を除き雨の心配はさほどない。強風の日や寒い季節には、暗い部屋の中でワラや動物の皮を敷いた床に座り、仕事や食事をしたようだ。部屋は狭《せま》いので、人びとは日常的に中庭を仕事場にし、夕暮れにはかがり火を燃やして食事や集いの場にしたと考えられる。

中庭での食事

村人の住居の配置や生活形態についても、考古学調査から多くのことが知られている。ナザレの村でも中庭を半円形に囲む数家族の家が配置され、いくつか集まる家々を結ぶ道も作られていた。中庭は各家の共同の仕事や食事の場になった。そこには木工職人が作ったテーブルが置かれ、その上には木製の皿やお椀などが置かれていた。焼いたパン、オリーブ油に岩塩、少しの野菜と保存食がメインディッシュである。パンを焼き、煮物をするカマドなどを共同で使い、様々な生活用具も見られる。また中庭には、塩漬けの魚や干し魚、乾燥肉、ドライフルーツなどの保存場所も作ったようだ。

夕食時になると、食事と共に伝来の北イスラエルの宗教伝承を語り、聞き、祈り、讃美の朗誦《ろうしょう》などの宗教行事も欠かさなかっただろう。ユダヤ人は議論好きで(七章)、食事の時は話題に事欠かず賑《にぎ》やかだったと思われる。

中庭は、子どもの教育の場でもあった。イエスも小さい時から、中庭で他の子どもたちと真っ黒に日焼けして遊び、色々なことを学び、仕事を手伝って成長したのだろう。そこは同時に、村人が集まって話し合いや決め事をする場になり、旅人を「もてなし」共に食事をしながら情報交換をする重要な場にもなった。そのような環境の中で、イエスも村人の一人として生活したと想像できる。

三　食事と保存食の知恵

1　イエス時代の人びとの食事

基本的な食べ物

発掘調査や古代文献などから、ガリラヤの貧しい庶民の多くは大麦パンを食べていたことが分かる。小麦は搾取され、裕福な人が食べるパンになった。

夕食には自家製のワインを欠かせない。濃厚《のうこう》になったぶどう酒はアルコール分やタンニンが多く、水で薄めて飲んだようだ。ぶどう酒は大きな壷や皮袋に入れ、土を掘った穴蔵《あなぐら》あるいは暗い場所に貯蔵した。皮袋は山羊の皮で作られ、木の栓《せん》で蓋《ふた》をする（ダニエル＝ロプス『イエス時代の日常生活』Ⅱ、73〜91頁）。古い皮袋に新しいぶどう酒を入れると、フツフツと発酵する力で破れることが多かった。イエスが「新しいぶどう酒は新しい皮袋に入れるものだ」（マルコ2・22、他）と語ったとされる言葉は、当時の生活状況を反映しているだろう。この言葉は象徴表現で、旧態《きゅうたい》依然《いぜん》とした宗教体制に対するイエスの革新的で厳しい批判として受けとめられたと理解できる。

ガリラヤ湖では、今でも魚を豊富に獲《と》ることができる。村の広場で開かれる青空市場で行商人から湖で獲れた生魚か、マグダラなどの漁港で塩に漬けて加工された魚、また干し魚と作物とを物々交換したと思われる。村人が入手できた生魚は煮るか焼いて食べる他、塩漬けや燻製《くんせい》にし、干し魚は大小の素焼きの壺に入れて重要な保存食になった。

豆は貴重《きちょう》なタンパク源である。主にレンズ豆、ヒヨコ豆、そら豆などを作っていたと思われる。レンズ豆の煮物は村人の定番で、私も作ってみて美味しい豆のスープになった。見ようによっては、豆が眼鏡のレンズに似ているので、後にレンズ豆と呼ばれるようになった。

ガリラヤ人はまた、ユダヤの七種の代表的な作物（小麦、大麦、ぶどう、ザクロ、イチジク、オリーブ、ナツメヤシ）に加え、古くから栽培《さいばい》していたタマネギやニンニクなども食べていた。他に、ピーマンや苦菜《にがな》（西洋わさびの一種）、レタスやニラ、辛子《からし》、サフランやシナモンなどの香味野菜、食用のアロエなど種々の野菜も作られた。想像する以上に多くの野菜を栽培したようで、ぶどう、イチジク、ザクロ、オリーブ、ナツメヤシの果物は干して保存したと思われる。

以上のように言うと、ガリラヤ人は種々の食料を比較的よく食べることができた、という印象を与えるかもしれない。しかし収穫物の多くは、ガリラヤの領主や都に住む富裕者、エルサレム神殿の権威者、加えてローマの権力者に搾取された。そのために、農民は自分が育て収穫した農産物をわずかしか食べることができなかった。山菜や木の実は大切な食物になった。

パン・塩・オリーブ油

主食はパンである。主に大麦を石臼《いしうす》で粉にし、パン種を用いてもあまり膨《ふく》らまないので練り粉を平たく伸ばしてカマドで焼いた。小麦のパンを食べることができる場合は、天然のパン種を入れ発酵させて焼いたようだ。いずれにしても、人びとはパンも十分に食べることができた訳ではなく、一日二食位だったようである。

大麦や小麦は十分に精製されていないので、ビタミン、ミネラルが豊富な全粒粉《ぜんりゅうふん》のパンのようだったと思われる。パンはすぐにカビが生える。イエスの「食」物語を語り継ぐ語り部は、カビも生えず食べても尽きない「真《まこと》のパン」として、「私は命のパンである」とイエスが語ったと伝える（ヨハネ6・35）。

さらに、イエスはパンやパン種を例に用いて語り、譬え話としても語ったことが福音書に記されている（山口里子『イエスの譬え話』2、119〜135頁）。パン種は酵母菌で、粉を膨らませる貴重品だった。雑菌が入って腐りやすいため大切に保管する必要があった。

ガリラヤ人の料理の基本は、塩味だったと聞く。イエスは「あなたがたは地の塩である。だが、塩に塩気がなくなれば……外に投げ捨てられ、人びとに踏みつけられるだけである」（マタイ5・13、並行箇所）と塩を例に語っている。この話は、岩塩だから意味が通じる。塩は日常生活に不可欠で、岩塩は塩気が無くなれば捨てられる他なかったからだろう。

人びとは、中庭でオリーブを絞《しぼ》る道具で作った油を壺《つぼ》に入れて保存した。オリーブ油は日陰に置かないと変質する。天然オリーブ油はジュースのようで、不飽和脂肪酸《ふほうわしぼうさん》を多く含みコレステロール値を下げるので、現在では健康面でも注目されている。しかし長期保存すると酸化し、保存状態が悪いとカビが生える。当時の人びとは、現代人が添加物や保存料を含む食物を口にするより、カビが生えやすい物を口にする食の豊かさの中で生きていたのかもしれない。

［コラム8］「パン種」の不思議

イエス時代には、女性が夕方に保存していたパン種を粉に混ぜ、布をかぶせて一晩寝かせたようだ。粉は膨らみ質的に変化する。そこに人びとはパン種の不思議な働きを見たのだろう。パン種の特徴は、①人の目には無きに等しく小さい。②その働きは隠され、③粉全体を変革し膨らませるエネルギーが秘められている。④時間が経つと、粉全体を変えてしまう起爆剤や触媒《しょくばい》のようである。

イエスの話に、「神の国」を「パン種」に譬えるものがある（マタイ13・33以下、ルカ13・20、トマス福音書96）。「神の国」はパン種のように小さくて目立たず、隠されているようだが世界全体を変革する力を秘めていると。（トマス96は注目に値するだろう。トマス福音書は紀元2世紀中頃に成立した「イエスの言葉集」でイエスよりも歴史的に後代の文書だが、パン種と関係づけて「神の国」は女性の働きによって実現し「女のようなものである」と記す。「神の国」の主体は女性、行動する人も「弱く小さくされている女性」だとすれば、革新的な使信であろう)。

パン種を表すヘブル語は「酸っぱくなったもの」を示し、良くも悪くも作用するので「パン種に気をつけろ」という格言も生まれた。イエスもまた「ファリサイ派の人とヘロデのパン種を警戒せよ」と語り(マルコ8・15、他)、彼らの偽善や欺瞞《ぎまん》を批判している。

特別な祝祭には

ルカによる福音書に「あなた方の中に……卵を欲しがるのに、さそりを与える父親がいるだろうか」(11・11〜12)と記される文言《もんごん》は、村人が鶏も飼っていたことを示す。当時、鶏卵《けいらん》は貴重なタンパク源で、村人は卵を市場で他の物と物々交換することが多かったようだ。

季節ごとの祝祭、成人や結婚などの特別な祝いには、卵料理や鶏肉、羊や山羊の肉を食べることができた。時には子牛が振る舞われることもあり、直火《じかび》で焼く他、豆や野菜と煮込んで食べたと思われる。普段は肉を食べることができないので、祝祭には村人が総出《そうで》で祝い、共同体の「共食と共生」の豊かさを食べて味わう時と場になっただろう。

2　食料保存の知恵

食事は乏しくても

搾取による食糧不足は、幼児や高齢者、病弱の人には辛い環境だった。それでも、夕食の時は家族にとって憩《いこ》いの場になった。家族は多くの場合、中庭で素焼きのランプ皿の灯芯《とうしん》に火を灯し、かがり火を燃やして近隣の家族とテーブルを囲む光景が目に浮かぶ。世界各国の村や諸民族の間では、今も見られる風景であろう。

人びとにとって食事は大切な交わりの場であり、神への祈りと感謝の時だった。ガリラヤ人は、女性も男性も共にワインを傾け隣人と食事をし、小さな竪琴に合わせて歌い、踊り、笑い、語り部が語る北イスラエルの宗教伝承を聞いただろう。喜びや悲しみ、苦しみや希望の物語を語り、聞くことは、人びとにとり「生きる力」になったに違いない。この「共食」自体が人びとにとって、貧しさと苦しみの多い日常であるだけに、「共生」の喜びの時を刻み育む源になっただろう。時には、自分たちを非人間化する「社会悪や宗教悪」に抗う時と場になったと思われる。

食料保存と共助のシステム

食べられる物は何でも食べる「雑食」は、生産物の搾取のために家族が生きていく上で重要だった。その際に恐ろしいことは、旱魃《かんばつ》や収穫時の天候異変、いなごの大発生、動植物を襲う病害虫や伝染病である。また戦争は畑を踏み荒らし、人や家族の「人生と命」を奪った。いつの時代も、飢饉《ききん》や飢餓《きが》、戦争は庶民を苦しめた。

従って、食料の保存や加工はガリラヤ人にとって大切だった。搾取される農産物以外、畑に蒔《ま》く種子を別にして、できる限り食材を工夫して保存しなければならない。冷蔵庫のない時代だから、塩漬けや燻製《くんせい》技術もこのような状況から生まれた知恵の産物だろう。ワインやジュース、干しぶどうなどのドライフルーツは中庭を囲む数家族が共同で作り、牛や山羊の乳からチーズやバターも作り、オリーブから油を搾《しぼ》り、実を塩漬けにもしている。

保存食を入れる大小の壺や皮袋は、共同で貯蔵小屋や乾いた穴蔵《あなぐら》に貯蔵した。食料保存の知恵と工夫は互いに助け合う土壌《どじょう》を養い、「共助のシステム」になっただろう。このような村の共同体を形成することは、権力者の暴力に抵抗する生存の知恵でもあった。

四　農民の苦しみと抵抗

1　貧しくされ苦しみを強いられる農民

三重の支配と徴税

イエス時代には、多くの人が理不尽な苦しみを強いられ「人間性」を踏みにじられていた。その一人ひとりが生きていけるようにイエスが示した生き方と思想を理解するために、ガリラヤの人びとが生きていた時代と環境に注視したい。

歴史に現れた諸帝国の権力者は、豊かな作物を生むガリラヤをそのままにしておくはずがなかった。権力者は、世界支配と戦略上の観点から、ローマ（ヨーロッパ）やエジプトまたアジアに至る交通の要所だったガリラヤの地理的位置、地政的・経済的重要性を熟知《じゅくち》していただろう。ガリラヤは狭《せま》い地域だったが、農・漁業の生産物を収奪《しゅうだつ》するためにも重要な場所だった。

当時のガリラヤ農民は、①ローマ帝国、②南ユダの神殿国家体制、③ガリラヤの領主ヘロデ・アンティパスの「三重の支配と搾取のシステム」のゆえに、農作物や諸税を搾取されていた。ローマの権力者と共に、ガリラヤ全域に巧妙《こうみょう》に配置された三つの大都市と中規模の諸都市に住む富裕貴族や大土地所有者、ヘロデ家の人びとによって、ガリラヤの富が搾取された。ローマやローマ総督ピラト、またヘロデの軍隊がそれを可能にした。農民は何重もの権力支配に苦しめられ、負債は膨《ふく》らみ、女性や子どもの中には借金の肩代わりに奴隷に売られた人も少なくなかった。

「パン」を与えてほしいとの祈り

ガリラヤ人の窮乏《きゅうぼう》を示す例を見てみよう。キリスト教では諸派を問わず、礼拝や諸集会では「イエスの祈り」(通常「主の祈り」と呼ばれる)を祈るだろう。この祈りは、イエスが祈りの「ひな型」として示したと言われる。しかし、その伝承を語り伝えた民衆の物語を記すマタイ・ルカの両福音書のそれぞれの伝承の間には「違い」が見られる(マタイ6・9以下、11・2以下)。また、「祈り」の最後の「国と力と栄とは、限りなく汝《なんじ》(神)のものなればなり」という文言は、イエスの祈りや福音書には見られない。後の教会と宗教権威者が、神と教会を権威づけるために意図的に付加した言葉だと言えよう。

両福音書の「イエスの祈り」に見られる「食物を与えてください」の箇所の原型を聖書学の分析で復元すると、「私たちに必要な糧《かて》を日毎《ひごと》に与えてください」となるだろう(新共同訳のルカ11・3は「日毎に」を「毎日」と訳し、マタイ6・11は「今日」と記す)。注目すべきことは、自分だけのパンではなく他の人と「分け合って」食べる「私たちに必要なパン」と語られることである。それも「今日」食べる物がない！　赤子も年寄りも病人も死んでしまう！　今日必要な食物を「その日その日に＝日毎に」という必死の願いが込められた祈りである。この祈りは、「生存の危機」に直面する村人の貧困と窮乏の現実を映し出している。

「イエスの祈り」に続くルカによる福音書にのみ記される伝承を見ると、旅の途上で尋ねて来た友人のために、真夜中に隣りの家の人にパンを三つ借りたいと必死に願う人の話が語られる。隣人は「共助やもてなし」を重視しつつも、すぐには貸せない。しかし、執拗《しつよう》に頼めば……という困窮《こんきゅう》に苦しむ村人の現実を示す（11・5以下）。

イエスの祈りには、原語では「私たちの負債を許してください」と読める言葉が見られる。「負債」は「借金」（オフェイレーマの複数形で「借金・負い目」の意味）を示す。しかし、ほとんどの邦訳聖書は「罪を赦したまえ」と訳す。「負債」を「罪」と翻訳すると、「借金」の厳しい現実が見えなくされる。しかも、「私たちの」と語るように、多くの人びとの困窮と貧困の現実があるのにそれを隠してしまう。礼拝で「罪を赦したまえ」と祈ると、イエスの祈りとの間に「違い」が生じる。他の箇所でも、イエスが語った「負債（借金）の許し」の話（マタイ18・23〜33）を、なぜか「罪」と翻訳している。

当時の農民の中には、負債のために先祖伝来の土地を大土地所有者に奪われ、負債奴隷や小作人、また日雇い労働者として生きざるを得ない人びとがいた。女性たちも理不尽な現実に追いやられた。イエスの祈りや多くの話は、教えや譬え話に留まらない実例を示す。むしろ実例を示す話の方が多く、借金の蟻地獄に苦しみ、家族が崩壊《ほうかい》し、命の危機の中で人びとが必死に振り絞る叫びの現実を見逃してはならない。

教会や集会で「主の祈り」を祈る私たちは、世界各地で「今も」不条理な現実に生きる人びとと「共感・共苦」の思いを共有し、その現状に抗って生きる意志を持って祈っているだろうか。

イエスの話に見られる現実

「ぶどう園の日雇い労働者」の話もまた（マタイ20章）、譬え話に留まらない現実を示す。この話を通して、借金のために家や土地を奪われた人、日雇い労働の仕事すら得られない人、農民奴隷として働く人の苦しみを想像できよう。この話はまさに、現在も日雇い労働者や路上生活者など至る所で必死に生きる人の困窮の現実に重なる。

イエスが示す教えや実例の多くは、人びとの苦しみの実情や願い、日常的な課題や問題などを色濃く反映している。パンを借りる人の話、負債を許す人、借金を抱える人、借金を許さない人の話、数々の病気で苦しむ人とその「治癒《ちゆ》」を通して「人間性の回復」を語る物語も同じような現実を示す。四千人・五千人と少しの食物を分け合って食べる物語は、諸福音書に六回も語られる（後述）。人数に誇張はあるが、多くの人が飢えて路頭に迷い「生と死」が隣接する生存の危機に生きる人びとを思わざるを得ない。

イエスはこれらの話を社会的・宗教的権威者への「抵抗の意志」を持って語り、民衆もその語りかけに共感して聞き、語り伝える伝承になっただろう。権力者に苦しめられ、貧しく弱くされた人びとを念頭にイエスが語ったことを受けとめないと、彼の使信を聞き逃しかねない。

2　黙従と忍耐を超えて

独立と自立の農民魂

イエス時代には「政教分離」や「信教の自由」がなく、政治と宗教が結びつく社会だった。また、政治・宗教の権力者はさらに富み、貧しい人は次第に貧しくされていく現実があった。その状況に生きる人びとは、ローマ帝国の搾取、南ユダの神殿国家体制による諸税と神殿税のみならず、律法を絶対的な価値基準にした宗教システムによって苦しめられていた。その現実は、人を「非人間化」する「暴力」だった。律法は、日々の生活の隅々《すみずみ》に至るまで人びとを規制し、例えば安息日律法は「休日」ではなかった。神にすべてをささげて過ごす最も重要な規律で、安息日には労働の禁止どころか歩数さえ制限され、料理や水汲《く》みさえも「労働」と見なされるとの細則もあった。

しかしガリラヤの人びとは、搾取や抑圧、差別社会において、忍耐し黙従《もくじゅう》したままではいなかった。「忍耐」は搾取・抑圧・差別の現実を黙認し容認することになる。しかし最初期のキリスト者は、イエスの死後、社会的・宗教的な諸悪に抵抗して生きようとした。今は亡き「イエスの言動」を想起し(アナムネーシス)、各自に内在し実存的に「今、生きるイエス」に生かされ、彼の振る舞いと教えを語り伝え、抵抗の歴史を生き続けたのである。キリスト者はガリラヤの民衆と共に、どれほど「非人間的」に扱われても性別・年齢などを超えて食物を分け合い、したたかに生きようとした。当時の資料や文書《もんじょ》を読んでも、人びとがどれほど苦難に泣いても、権力や暴力に屈せず抵抗運動を続けたことを記録は示す、と私は受けとめている。

自由を得るために

ガリラヤ人の状況の悲惨な現実に似て、現在の世界各地に起きている戦争の残酷な現実はその状況に酷似《こくじ》すると思えてならない。先に記した「歴史は繰り返さないが、韻を踏む」ことと同じであろう(第一章一「人間学」の視点から)。ロシアのウクライナ侵攻、またイスラエルによるパレスチナのガザ地区での虐殺やミャンマーでも同じ殺戮《さつりく》が行われている。

しかし、その戦いに対する応戦のために「相互」に多くの人の「命」が奪われているのも事実である。この現実をどのように意味づけても、戦争が生み出す残酷な事実である。イエスの非暴力の生き方を受け継ぎ、戦争による「憎しみの連鎖」を断ち切るにはどうすればよいのか。確かなことは、人間が叡智《えいち》を集め、政治的・宗教的解決を「暴力」や独裁者と国家体制の独占欲ではなく、「対話」によって即座《そくざ》に戦争終結を具体化することである。同時に、被害者である庶民の「命」を救う食料や医薬品などの支援は、「今」必要不可欠な実践である。

紀元1世紀に生きたユダヤ人歴史家のヨセフスは、ガリラヤ人が決して「絶望」せず「諦めない」生き方をし、とりわけガリラヤ北部の山岳地域の洞窟を拠点に活動した抵抗者たちの生きる姿を記録している。その抵抗運動を支えたのがガリラヤ南部の農民だった（筆者の『イエス誕生の夜明け』に詳述）。農民たちが必死に求めたことは、「自由を得るために！」だったとヨセフスは記す（『ユダヤ古代誌』20・118～136、他）。イエスは、その歴史と現実の中で生きたのである（筆者の前掲書、特に32頁以下、129頁以下、205頁以下）。彼はナザレの村で「互助と共生」の生き方を身につけたと同時に、人びとが苦しい現実の中でこそ神を信頼し、権力に「非暴力」によって抗う「抵抗の意志」を持って生きることを示したのである。

第六章　「罪人」との食事

一　旅人イエス

1　ガリラヤの村々をめぐる旅

「家長の責任」を放棄《ほうき》して

私は前著で、「旅に出るイエス」について少し述べた（『ガリラヤに生きたイエス』187頁以下）。本書では、別の視点から「旅人イエス」について述べたい。

イエスは人生の晩年に家を離れ、ガリラヤの村々をめぐる旅に出た（30歳前後）。彼の家族は「家長」だったヨセフを早くに亡くしたと推定されるので（時期は不明）、家父長社会において長男のイエスが「家長の責任」を受け継いだと思われる。しかし、彼はその後に「家長の責任」を放棄して旅に出ている。このことは、血縁による「家族」関係からの解放を意味するとは言え、ガリラヤの貧困状態を見ると家族に重い責任を転嫁《てんか》し、さらに、辛い苦しみを負わせることになっただろう（本書四章一「〝負い目〟を持つイエスの旅立ち」）。彼は、その「負い目と自責の念」を抱えて旅立った、このことを無視するとイエスの実像と生き方が見えにくくなる。

ガリラヤは南北に約55㎞、東西に40㎞という狭い地域だった。山坂や曲がりくねった道が多いとは言え、その日の内に徒歩で次の村に行ける。イエスとその一行は野宿を除き、一つの村で数日あるいはさらに長く滞在し、夕食時には村人の家の中庭で「もてなし」の食事を受けただろう。その際に、彼は村人に様々な教えを含めた実例や譬え話を語り、大いに語らいの時を過ごしたと思われる。その後、再び旅に出るという日々だった。その最後は、ユダヤ教の壮大な神殿があるエルサレムの都への旅になった。

当時、地中海一帯には旅する哲学教師がいた。例えば、キュニコス派（犬儒派《けんじゅは》）と呼ばれる「放浪の教師」がそうである。彼らは犬（キュニコス）のように家々を歩き回り、人の生き方や自然などをめぐる教えを語り、食物を乞い、それを入れた袋をかついで旅する「孤高の教師」だった。イエスを「ガリラヤ版キュニコス派の一人」だったと考える研究者もいる（B・L・マックやJ・D・クロッサンは「ユダヤ農民の放浪の教師」とも言う）。しかしイエスは、キュニコス派のような「一人旅」とは違い、同伴者と共に「旅する伝道者」だった。

パウロの旅での食物は？

イエスと同時代の伝道者パウロにも、イエスとは違う旅の苦労があった。彼は1〜2名の同伴者と地中海一帯を徒歩で旅をし、「耐えられないほどひどく圧迫されて、生きる望みさえ失う」

経験をしたと語る（Ⅱコリント1・8以下）。また地中海の船旅で嵐に会い、「難船したことが三度、一昼夜海上に漂ったこともあった」（Ⅱコリント11・25以下）と激白《げきはく》する。旅の途上で船が難破し、マルタ島に漂着した際に島民に助けられ「もてなし」を受けたとも語る（使徒行伝28・1以下）。当時の旅には私たちの想像を超えた危険が伴い、海難事故が頻発《ひんぱつ》していた。陸路でも、街道や荒れ野には盗賊や野獣が出没していた（「強盗に襲われた旅人とサマリア人の例話」ルカ10・25～37）。

パウロは、旅の途上での食料をどうしたのか。彼はイエスと違い、地中海の諸都市を中心に活動した。使徒行伝18章3節以下によると、彼は生まれつき「ローマの市民権」を持っていたので優遇《ゆうぐう》され、都の広場（アゴラ）に簡易な店を出し「天幕づくり」や「皮細工人」として日銭を稼ぎ食料などを得て伝道したと思われる（R・H・ホック『天幕づくりパウロ』、W・A・ミークス『古代都市のキリスト教』）。

パウロは、エルサレム教会からの経済的支援も受けている。しかし、テサロニケの信徒への手紙一 4章11節で「自分の仕事に励み、自分の手で働くように努めなさい」と教会の人びとに勧め、テサロニケの信徒への手紙二 3章8節では「誰からもパンをただでもらって食べたりはしません。夜昼大変苦労して働き続けた」と語る。そのように、彼はテサロニケの人びとには支援を受けずに自給伝道をしたと語る。しかし現実には、彼が自らの労働によって自活できた訳ではなく、女性たちの援助も受けていた。使徒行伝18章によると、彼はプリスカとアキラにコリントの都で出会い、二人の家に泊まり、同じ職業であったことから支援を受けたと想定される（妻のプリスカの名が先に記されることは父権制社会では珍しく、彼女は夫アキラと平等の関係にあった可能性がある）。パウロは女性たちや諸教会の支援も受け（フィリピ4・16）、都会を中心に経済的援助によって旅の生活を維持し伝道に携《たずさ》わったと考えられる。

同伴者を招くイエス

イエスはキュニコス派の教師と違い、独り相撲ではなかった。彼は旅に出てすぐに、福音書の文脈ではガリラヤ湖畔で四人の漁師を招き道連れにしている。この物語もドラマ化されて歴史的な詳細は不明だが、物語によると漁師たちはペトロとその兄弟アンデレ、ヤコブとその兄弟ヨハネと言われる（マルコ1・16以下、他）。漁師はその時、いくばくかの食料と金銭を携えて共に旅立ったと想定できる。その後、イエスに魅了《みりょう》された人びとが彼の「協働者」になり、次第に旅の道連れが増えている。通常、イエスの協働者になった人は「十二弟子」（ギリシャ語は単に「十二人」）と呼ばれるが、その人数はイスラエルの「十二部族」に合わせた理念的なもので実際の人数は不明である（本書五章一で述べたように、イエスの「弟子」は主従関係ではなく、共に学び、彼の生き方に真似て生きる「協働者」だった）。

同伴者の中には女性たちがいた、とフェミニスト神学の研究者たちによって明らかにされている。諸福音書では、父権制社会において女性の存在と働きが意図的に見えにくくされ、最初に記されたマルコによる福音書でも例外ではない。しかし、山口里子さんが指摘するように、歴史的にはイエスの協働者として「イエスに最も近い女性たちがいた」ことは確かだろう（『マルコ福音書をジックリ読む』、77～78頁）。また私見ではあるが、福音書の著者マルコは福音書の最後に至って女性に光を当て、イエスの死後に新たな「イエス運動」の端緒《たんちょ》を拓く重要な存在として女性たちの働きを伝えている（後述）。

ただし注意すべきことに、マルコによる福音書の記述によるとイエスが同伴者と歩いた道順は、旅として不可能で史実通りとは言えない。著者マルコは、ガリラヤの地理的状況を良く知らなかった可能性もある。イエスの同伴者も誰であったか歴史的には確定できない。しかし確かなことは、イエスの協働者になった女性と男性は、彼の教えと振る舞いに魅了された「ガリラヤの庶民」だったことである。

キュニコス派の人のように一人旅だと、村人の施しで旅することも可能だろう。しかしイエスの場合、何人もの女性や男性の道連れがいたので、人びとの「もてなし」で日々の食事を得ることは難しい。そのことを示すように、彼の協働者は若干《じゃっかん》のお金を携えていたことを示唆する次の物語が見られる。

マルコによる福音書の文脈によると、イエスとその一行が、旅の途上でサマリア地域のスカルという村に来た時のことである（ヨハネ4・1以下）。彼は昼頃に井戸端《いどばた》で休み、同伴者は食料を買いに出かけている。つまり「食物」を買うお金を持っていたことになる。その時、水汲みに来たサマリア女性とイエスとの出会いの出来事が語られる。本来、南ユダの人やガリラヤ人からも差別されていたサマリア人、しかも性差別を受けていた女性がさらに理不尽な苦しみの事情を背負いつつ、通常は水汲みを行わない昼頃にイエスと「対話」をしたと物語は語る。その後、彼と同伴者はサマリアに二日間宿泊している（4・40）。サマリア女性の「もてなし・施し」を受けたと考えてよいだろう。

［コラム9］「施し」について

仏教の教えに、「施し」また「布施《ふせ》」という実践の勧めがある。施しと聞くと、上から目線で何かを恵むという響きが伴うかもしれない。しかし施しには、与える人、与えられる人、また与える物をめぐり、傲慢、後悔、卑屈《ひくつ》などが心に生じる。そのすべてを、心の中から捨て去る努力が伴う。その意味で「施し」は、仏教の重要な「修行」の一つである。たとえ金品が無くても、他の人に与えることができる「身施《しんせ》」（肉体的奉仕）、また「心施《しんせ》」（他者への思いやりの心）など「無財の七施」という実践の教えもあると聞く。

本書で記す「もてなし」また「施し」は、仏教が示す意味に近い。ヘブル人や周辺世界において、貧しくても旅人と食事を「共にする」ことが「もてなし」の重要な実践だった。もちろん、この行いを美化できないが、「もてなしや施し」は他者に何かを差し出し、「共に生きる」証しになる。この行為にも、「共食と共生」の具体化が示されている。

2 旅の実情は

終末的熱狂に駆り立てられて

旅には常に危険が伴う。イエスも、旅を続けるには気力と体力が必要である。しかも、母や兄弟・姉妹を残しての旅立ちだった。彼に旅を続けさせたのは、「自責の念」を持ちつつも、彼を突き動かす熱狂的エネルギーだったと言っても過言ではない。彼の旅には、自分を駆《か》り立てる動機や使命の自覚が必要だったのではないだろうか。

マルコによる福音書の文脈においてだが、3章20節以下に次の話が見られる。イエスが旅立って間もなく、ある家に滞在していた時に「身内の人たちはイエスのことを聞いて取り押さえに来た」と語る。なぜなら、「この男は気が変になっている」と噂《うわさ》になっていたからである。心の病に苦しめられる人が「悪霊《あくれい》」に取りつかれていると言われ差別されたのと同様に、イエスは「悪霊の頭《かしら》」で「正気を失っている」と蔑視《べっし》されていた。そこで、母と兄弟・姉妹が彼を家に連れ戻そうとした話は語る。この出来事は、イエスの旅立ちと言動が熱狂的エネルギーに満ちていたとしても、人びとや家族からは「狂気の沙汰《さた》」と見られたことを伝えている可能性を示す。

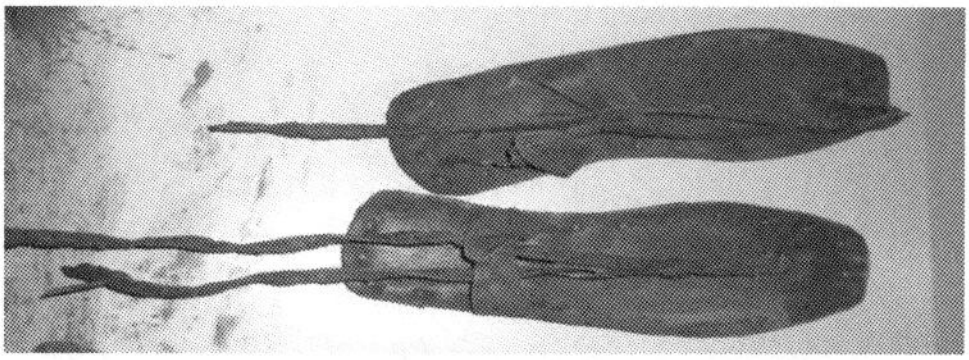

筆者撮影のサンダルのような皮靴

パンも袋も持たないで？

イエスと一行の旅の様子はどうだったのか。服装は？　持ち物は？　宿の無い時にはどうしたのか、など色々なことを思いめぐらすことができる。しばらく体を洗えない旅だったとすれば、イエスと同伴者は汗臭かったのだろうか。日本より乾燥した気候なので、時折、川での水浴びで十分だったとも考えられる。

旅は常に徒歩だった。村人が旅人や客人をもてなす時、先ず家の人が旅人の足を洗う。旅人は皮のサンダルのような靴を履《は》き、荒れた道を歩いてくるので足が汚れるからである（『新約聖書の世界と歴史』90頁の写真をも参照）。イエスが再び旅立つ時、村人は少しのパンなどを持たせたこともあっただろう。その食料を布袋に入れ、イエスと同行者は再び旅を続ける日々だったと思われる。

ガリラヤ湖を渡る時は舟を利用する。パウロが乗った大きな船とは違い、普段は漁に使う舟で10人ほどを乗せる渡し舟のようにも使われた。１９８６年、イエス時代の漁師の舟がガリラヤ湖畔の泥と水の中から発見された。発掘された舟は保存状態も良く、それを復元した舟を見た時、時空を超えて人びとがこの舟に乗り旅する光景を心躍る思いで想像することができた。

イエスとその一行は持参した堅くて薄いパンを食べたにしても、食料はすぐに尽きる。持ち合わせたお金の多寡《たか》も知れている。彼と同伴者は何度も野宿し、時には村人の家に泊まり夜露を凌《しの》ぐこともあっただろう。シナゴーグ（ユダヤ教会堂・集会所）の一室で夜を過ごすこともあったと想定できる。同時に、聖書的根拠はないが、イエスは夜空の星を見上げ、大きな「夢と希望」を携えて旅を続けた、と彼の「人間像」を思いめぐらすこともできる。

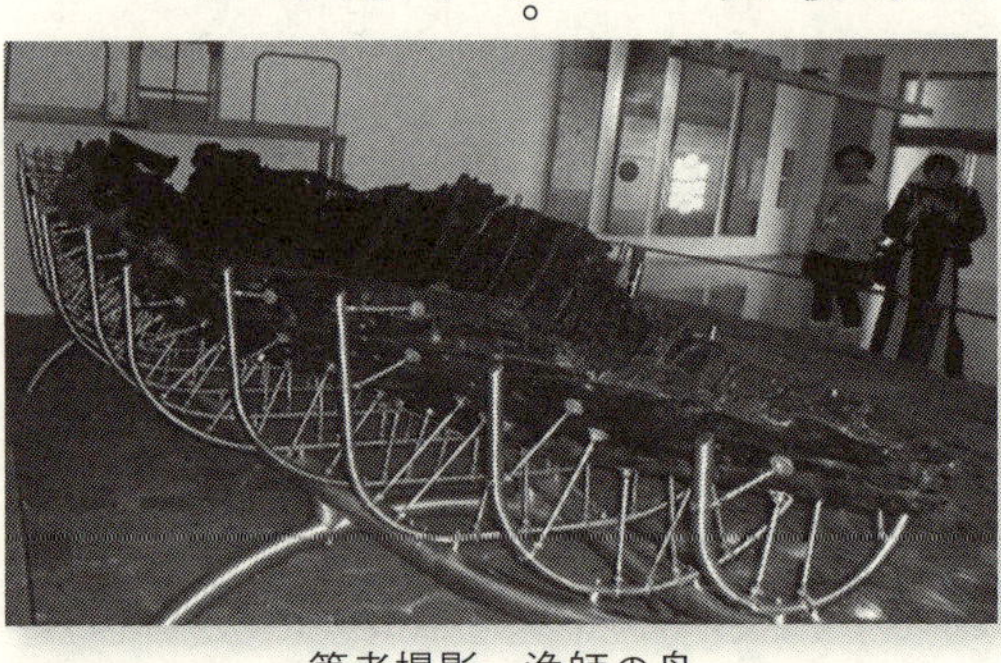

筆者撮影　漁師の舟

二　施しを受ける日々

1　異邦人からの施し

異邦の地に旅した時

諸福音書によると、史実通りの道筋《みちすじ》ではないにしても、イエスと同伴者は異邦人が住むデカポリスやゲラサ人の居住地域に行き、地中海に面したティルスやシドンなど貿易や漁業で栄える港町をも訪れている。さらに、シリア・フェニキアの地域にも行ったと言われる。

イエスと協働者が異邦の地で旅を続けることができたのは、異邦人からも「もてなしや施し」を受けたことを示唆する。「もてなし」は、ユダヤに限らず異国の地でも大切な実践だった。当時、旅人をもてなすことは、周辺諸国の人びとにとっても重要な情報源になった。

しかし、イエスが異邦人地域に旅をしたという伝承は、「イエスがそのような所にも出かけた」で済《す》む話ではない。ガリラヤ人が異邦人との「共生と共存」の歴史を育《はぐく》んできたとは言え、異邦人は南ユダの人にとって「汚れた」人びとだった。イエスであろうと、律法の食物規定のタブーに抗うことは容易ではない。しかし彼は、そのタブーを破る。彼の「共食」は、「汚れ」の価値基準に反し「共生」を具体化する抵抗の生き方を示したことが重要である。

異邦人からのもてなしは、驚くべき「皮肉」である。ユダヤ人から「汚れ」と見なされた異邦人が、ガリラヤ人とは言えイエスと同伴者を「もてなす」からである。

イエスとギリシャ女性の「主客転倒」の出来事

イエスの生き方を語る物語の中で、マルコによる福音書7章24〜30節に記される出来事は興味深い。一方の「主体」は男性イエスで、父権制社会の中で人の「いのちの尊厳の回復」を求め「生きる」をいつくしむ人である。他方の「客体」は異邦人女性で、非人間化され「汚れ」と既定される人だった。しかも彼女は、病の娘を持つ母である。しかし、「人間学」の視点を欠いてテキスト分析に留まると、歴史に生きた「生《なま》の人間」を見失いかねない。この伝承は、権力者に抗うイエスと社会的弱者にされていた女性、しかもガリラヤの男性イエスと異邦人女性との対話の勝ち負けを示す出来事ではない。物語はイエスと女性の「主客転倒《しゅきゃくてんとう》」の出来事を示し、「共助」の生き方を次のように伝えている。

イエスが異邦世界に旅した時である。シリア・フェニキアのギリシャ人女性が娘の病を癒してほしいと必死の願いを彼に訴えた。「病を癒す力を持つ」と評判になっていたイエスの働きを、異邦人も伝え聞いていたと思わせる話である。彼は、彼女の願いに応えて娘を癒す（マルコ7・24以下）。通常ならば、その出来事を語るイエスの癒しの物語だが、脚色《きゃくしょく》され語りの手法で語られた物語の深層《しんそう》にある真相を探ってみたい。

物語に登場する「人物」を観察し洞察《どうさつ》すると、イエスは女性の執拗《しつよう》な願いに初めは応《こた》えていない。それどころか彼は、彼女との対話の中で、先ずユダヤ同胞が救われるべきで「子どもたち（ユダヤ人）のパン（救い）を取って、子犬（異邦人女性の子ども）にやってはいけない」と彼女を突き放している。彼の言動を見ると、彼女の求めを退《しりぞ》ける態度に疑問を持つ人もいるかもしれない。しかしこの出来事は、イエスが結果として異邦人を民族差別し、男性による女性への性差別、異邦人の病の子どもの「人間性」をも否定する差別をしたことを示すと言っても過言でない。従って、実際の出来事がドラマ化された物語の核にあり伝えられた可能性が高い。

同時にこの伝承は、イエスが異邦人女性に論破《ろんぱ》された話ではないことが重要である。彼女によってイエスが差別克服の生き方を促《うなが》された出来事として語られている、と理解できる話である。本来なら、イエスの言動を伝える物語としては都合の悪い伝承である。被差別者にされた異邦人女性の方が、差別に抗って生きる姿を浮き彫りにされているからである。また物語は、子どもをイエスが癒す前に、彼は女性との対話を通して民族差別や性差別などをする「自分の現実」を覚醒《かくせい》され、子どもの「生きる」をいつくしむ実践を促されたと語る話でもある。物語は、「主・

客」が入れ替《か》わっていることを示し（後述の「徴税人レビとイエスの食事」の話とも共通）、彼女がこの出来事とその伝承を生む「主体」になったと言える。それだけに、物語の深層にはガリラヤに生きた男性イエスの「実像」の一端《いったん》と、民族や性別を超えた女性との「共生」、また子どもの「生きる」をいつくしみ、その子の「生存権の回復」をも示していて意味深い。

物語はまた、福音書において「パン」を絆《きずな》に語られている。イエスとギリシャ人女性との出来事は、その前後に「五千人との共食」（マルコ6・30以下）と「四千人との共食」（同8・1以下）という出来事の間に著者マルコによって編集され、共食物語と二人の生き方が「パン」で結ばれていることも興味深い。

［コラム10］　イエスとガリラヤ人の日常語

イエスが異国を旅したとすれば、彼と同伴者は異国においてギリシャ語で話したのだろうか。現在、アラム語（ヘブル語の親戚語《しんせきご》）がユダヤ人の日常語だったとの「通説」は疑問視され、ローマ帝国の支配下にあるガリラヤでもギリシャ語を共通語にしていた可能性が高いと推定する人も少なくない。日本のアジア侵略でも、他国の人びとに日本語や文化などを強要し「日本人化」したことに共通する。

「異邦人のガリラヤ」に生きた人びとが異国人との「共存と共生」を育んでいたと考えら

れるので（R・ホースレイ *Galilee* 私の前掲書三章五の二「共同体と互助システム」をも参照）、ガリラヤ人は日常的にギリシャ語を語り、イエス物語もギリシャ語で伝承されたとの主張を無視できない。というのも、①福音書は初めからギリシャ語で記され、最初の福音書の著者マルコは、民衆が語るアラム語のイエス伝承をギリシャ語に翻訳したとは考えにくい。②マルコのギリシャ語は「下手である」との通説に反し、口頭伝承の文化においては「生き生きとした語り」の手法が見られると言う研究者も多い。③紀元前3世紀頃からヘブル語を知らないユダヤ人が増え、「70人訳ギリシャ語訳聖書」が成立したことも、以上の可能性を示す。

2　タブーの食物を食べるイエス

タブーの食物を口にする意味

イエスと同伴者が異邦社会に生きる人びとと接触したことは、タブーの規定を破り「汚れた食物」を口にした可能性を示唆する。このことの意味は小さくないだろう。

第一の理由は、イエスの律法に対する自由で革新的な態度を挙《あ》げることができる。タブーから自由になり食物を口にすることからも、イエスの実像の一端を知らされる。彼は、タブーを作る人間がタブーを犯す人間を排斥・差別する在り方に「否」を突きつけているからである。
イエスはある時、律法の教師の面前で「すべて外から人の体に入るものは、人を汚すことができない」（マルコ7・18）、「口に入るものは人を汚さず、口から出てくるものが人を汚す」（マタイ15・11）と断言した。文字通りに伝承のように言ったかどうかは不明だが、民衆また福音書著者はそのように受けとめたのだろう。口から入るものは「食物」、出るものは「言葉と律法の教え」と見てよい。イエスはタブーの食物があること自体を否定し、人を排斥する「社会悪と宗教悪」に抗ったことを伝承は伝えている。

第二に、ガリラヤ人はエルサレム神殿を中心に生きる南ユダの人びとと異なり、異邦人との「共生と共存」の歴史を育んできた（『ガリラヤに生きたイエス』178頁以下）。ユダヤの「辺境《へんきょう》の地」に生きたガリラヤ人にすれば必然の在り方だろう。さらにイエスは、タブーの「境界」を打ち破る革新的な振る舞いを「先鋭化」したと言える。

イエスが見据えていたことは、律法が人の「人間性を否定するシステム」として機能し、多様な「境界」による「分断と排斥」を惹《ひ》き起こす「宗教悪」を生むことである。彼は、律法による「宗教悪」を批判し「否」を突きつけたのである。彼は自らタブーの食物を口にし、「非人間化」された人びととの「共食」の実践を通して「人権回復」を求めたと言えよう。その生き方は「社会悪」に対する抵抗になり、人びとを「分断」することからの解放を求めたことを意味する。その結果イエスは、宗教権威者の画策もあり、ローマの権力者によって社会的犯罪人として「晒し柱」で処刑されることになった。

過激な宣言

イエスと協働者は、「食事をする暇《ひま》もないほど」（マルコ3・20）に活動したと語られる。彼は旅の途上で、人びとに「神の国」（神の支配）を実例や例話を通して語り、心身の「病」を癒すことを通して「人間性」の回復を求めた。その生き方は、一人ひとりを「非人間化」から解放し、「生きる」ことをいつくしむことだった。

イエスは、小高い丘や平地で、あるいは広場や市場で、唯一無二の「いのちの尊厳」を回復し、相互に「生きる」をいつくしみ合う生き方を告げている。村人が集まる会堂（シナゴーグ。集会や礼拝をする場所）や家々また中庭でも、人びとを魅了して止まない教えと振る舞いを示した。それればかりではない。イエスと同伴者が村人にもてなしを受けることができたのは、彼の革新的な「新しい権威ある教え」と言動が評判になり、村々に伝えられたからだろう（マルコ1・27）。

イエスはさらに「過激な宣言」をする。マルコによる福音書は次の出来事を伝える。イエスの協働者が「安息日」に道端《みちばた》の麦の穂を摘《つ》んで食べた時である。その行為を見た宗教権威者は、イエスの道連れが一切の労働を禁じる安息日律法の教えを破ったとイエスを糾弾《きゅうだん》した。彼はその時、「人の子（人間またイエス自身を示す）は安息日の主体である」と断言し（2・28、私訳）、「人間こそ」が律法に優《まさ》り、大切にされるべきだと言い切った。この過激に過ぎるイエスの言動を通しても、彼が「食べること」と人の「生きる」をいつくしむことを結合して、「共食と共生」の生き方を宣言した人であると告げていることが分かる。

そのイエスの言動が、神殿国家体制の担い手である宗教権威者を痛烈《つうれつ》に批判することになった。著者マルコは、イエスの旅の初めに神殿の権威者が「どのようにしてイエスを殺そうかと相談し始めた」（3・6）と記す。福音書を記し始めたその時すでに、イエスの生き方に晒し柱の死の影が差し込んでいることを、マルコは強調して語っている。

しかし、イエスの振る舞いと教えに促《うなが》されて新たな人生を与えられた人びと、ローマ帝国の支配と南ユダの神殿国家体制またガリラヤの領主に苦しめられていた人びとは、彼の生き様に魅了されたのだろう。

三　徴税人レビのもてなし

1　異邦人に雇われるレビ

「罪人」と烙印を押される徴税人

イエスが旅先で「誰」と食べたかを示す「共食物語」として、マルコによる福音書2章13〜17節（並行箇所）を見てみよう。食事を共にする登場人物は、「レビ」という徴税人（取税人とも言う）で、彼は「多くの徴税人や罪人」と烙印《らくいん》を押された「罪人」の一人として一括《ひとくく》りにされている。

徴税人は当時、ローマ帝国の権力者に雇《やと》われ種々の税金を人びとから取り立てていた。ローマ帝国において「徴税のシステム」はかなり組織化され（筆者の『イエス誕生の夜明け』196頁以下と「ガリラヤの農・漁業経済と徴税のシステム」の図表を参照）、「搾取のシステム」として機能していた（「ガリラヤの社会構造」や図表については『ガリラヤに生きたイエス』132頁以下をも参照）。

徴税・搾取のシステムの概略を説明すると（筆者の『イエス誕生の夜明け』192頁以下を参照）、ローマ帝国の権力者に任命された「徴税請負人《うけおいにん》」がいた。彼らは裕福なエリートで、異邦人もしくは少数のユダヤ人だった。彼らはユダヤ人の「徴税人の頭《かしら》」を雇い、その中にはユダヤ庶民から徴税の上前《うわまえ》をはねて財産を築く人もいた。ルカによる福音書に登場する「金持ちの徴税人の頭ザアカイ」はその一人だろう（19・1以下）。この「頭」が、胴元《どうもと》のように手下の徴税人を束《たば》ねて働かせていた。レビは徴税を請け負う実働部隊のガリラヤ人で、ガリラヤ湖近くの「収税所に座り」通行税や物品税などを徴取していた人物と思われる。

ジレンマ

徴税人レビは、ガリラヤ人でありながら同胞からも嫌悪《けんお》されていた。主に三つの理由からである。①「汚れた」異邦人と接触し雇われていたので、徴税人も「律法」の教えにより「汚れた罪人」と見なされた。②ローマの権力者や徴税人の頭が要求する以上に、その自由な判断によって税金を増額し同胞から徴収することを許可されていた。③徴税人は、庶民にとって目に見える直接的な抑圧者で、ローマの手先として働いた。これらの理由で、徴税人レビは人びとからも嫌悪《けんお》されていたのである。

徴税人は、生きるために仕事をやめる訳にはいかない。確かに、過大に税金を取り立てる悪徳な徴税人もいた。しかし徴税人の多くは、ローマと南ユダとガリラヤの人びとの板ばさみになって生きざるを得ない苦しみを抱えていたと思われる。南ユダ・ガリラヤの庶民からは「汚れた抑圧者」と差別され、ローマ人からは「属国のユダヤ人」と見なされ搾取されていたからである。

徴税人は、抑圧者であり抑圧される者、人を苦しめ・苦しめられる者だったことを見過ごせない。レビは、その板ばさみの「ジレンマ」の中に生きていたのである。イエスが食事を共にしたのは、そのような「徴税人や罪人」と言われる人びとだった

2　両刃《もろは》の剣としての食事

レビの家での食事

イエスは、収税所で働くレビに「私に従ってきなさい」と声をかけた（マルコ2・14）。それを聞いた人びとは驚いたに違いない。有ろうことか、同胞を苦しめる「汚れた罪人の徴税人」にイエスは声をかけ、同伴者として招くとは何ごとかという驚きであり、侮蔑《ぶべつ》や憎悪《ぞうお》の声が聞こえてきそうだ。律法の教師の宗教権威者は、なおさらイエスを許せなかっただろう。

レビもまた驚いたに違いない。「あの評判のイエス」が「私に従ってきなさい」と自分に声をかけたのだから。そこで彼は、収税所の席を「立ってイエスに従った」と物語は単刀直入《たんとうちょくにゅう》に語る。この伝承は定型化され物語化されているが、この短い伝承にレビの戸惑《とまど》いや迷い、逡巡《しゅんじゅん》する思いが入り乱れていたことを見逃せない。

ここで言われる「従う」という言葉の原語（アコルーセオウ）は主従の関係を示す言葉でもあるが、歴史に生きたイエスの言動を見ると、レビに向かって上下関係ではない「同伴者・協働者」として「私と一緒に生きていこう」と彼を招いたと考えてよい。そこで彼は、すぐにイエスに同行したと物語は告げる。

しかし、そこで物語は終わらない。レビは、イエスとその一行を自分の家に招き食事を共にするのである。ここで「主役」になるのは、「汚れた罪人」と烙印《らくいん》を押されていたレビである。彼がイエスを家に招き、その招きを受けたイエスは、宗教的にも社会的にも疎外《そがい》された人の「客」になっている。「主・客」が入れ替わっているのである。辛く哀しい現実に生きる人の場に身を置くイエスが浮き彫《ぼ》りにされ、レビの「共食」の場に加わるイエスの実像をこのドラマに見出すことができよう。

同席する人びと

驚くべきことに、食事の場に「多くの徴税人や罪人」（とされる人びと）が同席したと強調される（マルコ2・15以下に三回言及）。イエスが律法に自由な態度を示したにせよ、ガリラヤ人も嫌う「多くの徴税人や罪人」とイエスが食事を共にすることは、驚き以上に「受け入れ難《がた》いこと」だっただろう。イエスの振る舞いと「レビや汚れた人びと」との共食は、彼が「罪人の仲間になった」（マタイ11・19、ルカ7・34）と人びとから揶揄《やゆ》され、宗教権威者から非難されても不思議ではない。

物語は、イエスが「両刃《もろは》の剣《つるぎ》」を突きつけられたことを示す。にもかかわらず、彼は「ジレンマ」を抱えるレビの招きに応え、彼の家で食事を共にするのである。

レビの家と食事の内容

この伝承は物語として彩《いろど》られているが、レビの家には大きな部屋があったことを前提に語られている。多くの人が共に会食できる彼の家は、庶民の家より大きかったと想定できる。レビが下っ端《ぱ》の徴税人だったとしても、彼が「自分の家でイエスのために盛大な宴会を催した」（5・29）と福音書が語ることから見て、経済的余裕のある生活をしていたことを思わせる。

食卓には、多くの食物や飲み物が並んでいただろう。ここで二つの可能性が考えられる。一つは、レビが「汚れた罪人」と見なされたので、タブーの律法にこだわらなくなっていたこと。豚肉や鱗《うろこ》のない魚の料理があったかは不明だが、タブーから自由な料理が振る舞われた可能性を否定できない。

第二の可能性は、レビがガリラヤ人からも「無資格者」と思われていたとしても、南ユダの権力者に雇われていたので律法のタブーを守っていたことである。

どちらの可能性も確認できない。ただし、イエスは常々、①律法の食物規定に対し自由な態度を示した。②異邦人社会と同様に、レビの家でもタブーの食物を口にした可能性がある。③ガリラヤ人と異邦人との間に共存の歴史があり、異国の人と接するレビと律法から自由に生きるイエスが共食の時を持ったことである。以上のことから見て、レビがタブーに固執《こしつ》しない人としてイエスとの宴会を持った可能性が高い、と私は想定する。

仮にそうならば、タブーに関わらずテーブルに肉や魚料理、野菜や豆の煮込み、卵にチーズなどの乳製品、果物や甘いお菓子が並んでいても不思議ではない。ワインも欠かせない。音楽や踊り、詩の朗誦《ろうしょう》などもあっただろう。この伝承から、次のような場面をイメージすることもできる。イエスが南ユダの人やガリラヤ人から見て「問題あり」の「徴税人や罪人」とタブーの食物を気にもせず、大らかに飲み食いをし、竪琴に合わせて歌い、踊り、笑い、語り合う「共生」の喜びを味わっている、そのような場面である。「共食」に集《つど》う人びとの満願の笑顔を思い浮かべるのも愉快《ゆかい》である。

この物語は、「共食と共生の喜び」を感じさせるイメージに加え、それとは対照的にユダヤ教権威者のイエスへの怒りと憎悪の高まりを示すだろう。

四　「罪人」との食事

1　共食と共生を生み出す場

最も大切にすべきこと

旅に明け暮れるイエスと同伴者にとって、レビの家での滞在は安らぎの一時《ひととき》になっただろう。しかし、豊かな時と場を破るのは宗教権威者だった。その人びとは、人の「生きる」をいつくしむよりも、宗教的・社会的規則と秩序を守ることを優先した。私たちの社会において、「最も大切にすべきことは何か」が問われる。

ここで、再び強調したいことがある。イエスと食事を共にした「罪人」は、社会的・宗教的権力者の価値基準である律法によって「罪」の烙印を押された人びとだったことである。日本でも、意図的な政策である「国策《こくさく》」によりハンセン病と見なされた人の「人権と生活権」が奪われ、「人間」として社会に生きる「生存権」が否定されてきた。そして、諸宗教の同意と黙認のもとにその人びとを強制隔離《きょうせいかくり》した事実を無視できない（本書二章二「〝無知〟に根ざす〝他者〟の排除」）。あらゆる差別の現実に見られる「人間性」の否定と同じである。

イエスは、宗教の信仰と教えのもとに人が人を「非人間化」する「宗教悪」の暴力に対して、「罪人」と見なされた人びとと「共食と共生」の実践を通して断じて「否」を突きつけたのである。彼の批判は「宗教悪」のみならず、ローマ社会やユダヤ教の権威・権力者が示す「社会悪」に向けられた。

レビの家での共食を伝える物語は、社会的・宗教的権威・権力者によって踏みにじられた「社会的弱者」によって、衝撃的《しょうげきてき》で革新的な出来事として語り継がれたのだろう。イエスの言動、また「共食と共生」の実践は、人びとの驚きと共感を引き起こし、ガリラヤの「民衆の物語」として「記憶」され語られた。人びとは言う。イエスが示すことは「権威ある新しい教えだ」(マルコ1・27、他)、「このようなことは今まで見たことがない」(2・12)と。

イエスが最優先にすること

食事は「食物を口にする」ことに留まらず、人と人とを結ぶ「共食と共生」の時と場になる。イエスが最優先に示す「共食」の行為は、人びとの「共生」を紡ぐ源になった。また、あらゆる差別や社会悪と宗教悪に抗う「抵抗の生き方」に結びつき、互いの「命と人権」を大切にし合う「共生社会」を実現する可能性を生み出した。「共食」には無限の可能性がある。

イエスは、社会的・宗教的権威・権力者の在り方を激しく批判した。イエスの死後に、彼の生き方に共感・共鳴する女性を初めとする最初期のキリスト者は、新たに「イエス運動」を継承した。その運動を担い、イエスの「共食と共生」の生き方に倣《なら》って生きるキリスト者を、ローマ・南ユダの権力者は当初、社会や宗教体制(権力構造)の「破壊者」として「迫害した」ことを看《かん》過《か》できない。

2　物語の「落ち」

罪人は病人か？

マルコによる福音書が示すイエスとレビとの共食物語の「落ち」は、次の言葉で締《し》めくくられる。「医者が必要とするのは、丈夫な人ではなく病人である。私が来たのは、自分を義人とする正しい人を招くためではなく、罪人（と既定・排斥されている人）を招くためである」と（2・17私訳）。ガリラヤの民衆や著者マルコは、この言葉に共鳴するようにイエスの共食物語を受けとめ伝えたと思われる。

注目すべきことは、その前半で格言のような言葉で「医者と病人」の関係を示していることである。この前後の文言《もんごん》によって、「丈夫な人」＝「正しい人」（義人）、「病人」＝「罪人」と理解できる。マルコによる福音書の場合、すぐ前に「病人の癒し」の物語が配置されている（2・1〜12）。著者マルコの編集により「癒しと共食」の物語が結合されたことに、マルコが示す意図と「落ち」があると考えられる。つまり、「癒しと共食」の物語を一つにして示すことによって、「癒されるべき病人」（その多くは搾取や貧困・飢餓、また戦争により強いられて病になった人）は「罪とされる人」であることを強調していると見てよいだろう。

同時に、「汚れた罪人」とされてきた「徴税人」が「癒されるべき病人」であるならば、ガリラヤに生きたイエスはその人を協働者として招き、その人びとこそが「非人間化」から「癒され・解放され」、人として「生きていける存在」として「いつくしまれる」ためにイエスは生きた、そのことが著者マルコによって明示されたことになる。

「癒し」は病の治癒《ちゆ》のみを示すのではない。社会的・宗教的弱者にされた人が「人間」として「生きることができる存在」として「全人間的に回復」することを示す。著者マルコの編集意図による語りかけは、イエスの生き方と思想に響き合い、彼の実像の一端を示すと言えよう。

当時、「病」や心身の「障がい」は、当人か親か、その先祖の「罪」が原因で患《わずら》うと宗教権威者によって教えられていた（ヨハネ9・1以下の盲人をめぐる話など）。現在も、病や不幸は「罪」に起因《きいん》するという信仰や教えが旧統一教会やその後継団体などのカルト宗教に共通して見られる。病や深刻な問題を抱える人の「弱み」に付け入り、金品を貪《むさぼ》る「宗教悪」また「社会悪」を生む「宗教」である。イエスは、「罪」と断罪される病人や心身の不自由を持つ人が「罪」に起因することを無条件で否定し、「病気の治癒」以上に「罪」と既定される人が「人間として生きていける存在」であると示し、社会的にも宗教的にも解放する「癒し人」として生きた、と私は受けとめている。

イエスの生き方の真骨頂《しんこっちょう》は、律法の価値基準によって「罪や汚れ」という宗教悪と社会悪の考えを「全面否定した」ことに見られる。彼は、社会的・宗教的弱者にされた人びとと食事を共にして「共生社会」を具体化する実践をしたのである。誰でもが自分の願う「自分らしく」生きていけるように、その具体化の一つが「共食と共生」の行為だったことに注目すべきだろう。

イエスが招く「罪人」

イエスは社会や宗教の「差別のシステム」に抗うことによって非難の刃で切られ、社会や宗教の権力体制を堅持《けんじ》する人びとによって「政治的罪人《ざいにん》」として惨殺《ざんさつ》される結果になった。にもかかわらず、イエスが権力に打ち倒されて終わりではなかった。彼が暴力によって処刑された後、やがて最初期のキリスト者は彼の言動を想い起し、記憶し、語り継いだ。その一人ひとりが新しく「実存的・内在的」にイエスと出会い、恐れや不安、また迫害に抗いつつ彼の生き方を受け継ぎ、「未来」に繋《つな》がる実践をして歩み始めたのである。

私たちは、この民衆の物語が示す「イエスの実像」の一端でも受けとめて、現代社会の中でどのように彼の「共食と共生」の生き方を具体化するか、どこに身を置いて生きようとするか、それは私たちが受け継ぐべき「記憶」の継承であり、生きる課題になる。忘れてならないことを記憶し、伝え、学び、生きようとすることから新しい歴史が具体化されるのだろう。

第七章　五千人との共食――「憐れみ」の心

一　五つのパンと二匹の魚

1　ありえない出来事

五千人と共に食べる

四福音書は、イエスが五千人と共に「五つのパンと二匹の魚」を分けて食べた、という物語を記す。しかも、すべての人が「満足した」という驚くべき出来事である。「そんなこと、ありえな～い」と言った青年たちもいた。諸福音書は、人数や食物の数に違いがあるにしても、四千人との共食を含む同様の「共食物語」を六回も語っている。

①五千人との共食物語：マルコによる福音書6章30～44節、マタイによる福音書14章13～21節、ルカによる福音書9章10～17節、ヨハネによる福音書6章1～14節⇩「五つのパンと二匹の魚」で共通。

②四千人との共食物語：マルコによる福音書8章1～10節、マタイによる福音書15章32～39節⇩「七つのパンと少しの魚」で共通。

これほど類似する「共食物語」が伝承されたことは、その背後に何らかの歴史的出来事があり、それが物語の「核」になって庶民の間で語り継がれたと推定できる。またマルコによる福音書8章の話は、イエスの「共食」が異邦の地であるデカポリス地域のガリラヤ湖畔でも行われたと語り、彼の「憐れみ＝いつくしみ」(スプランクノン。沖縄の「ちむぐりさ」の表現に共通。後述)の実践が異邦人にも及んだ、という福音書著者の意図が示される(川島貞雄『十字架への道イエス マルコによる福音書』112頁、講談社版 1965年。版権は日本キリスト教団出版局に移行)。ユダヤ教では、ユダヤ人にのみ神の憐れみが与えられると言われていたので、イエスの言動はその宗教思想をも超えている。

それにしても、「五千人・四千人」という人数をイメージできるだろうか。大きなホールに人がひしめき合う状況である。それほどでなくても群衆がイエスの周りに集まると、ローマや南ユダの権力者は反権力の暴徒集団になる危険を感じ取っただろう。ところがイエスは、数人でも足りない「パンと魚」を飢えた人びとと分けて食べたと物語は語る。暴徒集団を思わせる雰囲気を微塵《みじん》も感じさせない。それどころか、すべての人が満足して「余り」まであったと語るのだから「ありえな〜い」話である。

誇張表現が示すこと

古代の歴史家や著作家にも、執筆の手法として驚くべきことを誇張表現する人がいる（ユダヤ人歴史家のヨセフスなど）。誇張して語らざるを得ない出来事が起き、その驚きと衝撃《しょうげき》が民衆の物語として伝承されたのだろう。

ヘブル語聖書（いわゆる「旧約聖書」）にも同様の物語が見られる。北イスラエルの伝承である預言者エリヤの物語は、旱魃《かんばつ》で飢饉に苦しむ寡婦《かふ》と家族にスポットを当て、エリヤが粉と油を「尽きることなく」与えたと語る（列王記上17・8〜16）。エリシャ物語でも、飢饉の時に「ありえない」ことが起きたという話が見られる（列王記下4・42〜44）。これらの伝承もまた、繰り返し起きた旱魃《かんばつ》や飢餓《きが》に苦しむ人びとが、思いも寄らない出来事で救われたことを前提にして語る。

2 「語り」の効果

緊迫感を増す物語

イエスとその一行は、数枚のパンと保存食、水を入れた皮袋、少しのお金を持って旅立ったと思われる。日本でも古くから、旅に持参する「乾飯《いぬいめし》」（糒《ほしいい》とも言う）と呼ばれる保存食があった。伊勢物語（平安時代初期）に出てくるし、戦国時代には築城の際に籠城《ろうじょう》に備えてそれを壁に塗り込み「非常食」にしたと言われる。現在では、非常食のアルファ米が市販されている。イエス時代には、乾飯に似た「焼き小麦」が保存食として利用されたようだ。イエスの一行も、パンの他に焼き小麦や少しの干し魚を持って旅をしたとも考えられる。

ここで、マルコによる福音書に沿って旅の道筋《みちすじ》を見ると、イエスは旅の途上でかつて師事した洗礼者ヨハネが領主ヘロデに斬首《ざんしゅ》されたことを知らされる（6・14）。「イエスの名が知れ渡る」ことと、ヨハネの残虐《ざんぎゃく》な死（本書三章）が結合され、緊迫感を増す状況が語られる。そのようにして、イエスの受難と死が暗示される。

「共食」の場面になると、イエスとその一行が「人里離れた所」に行った（「誰もいない寂しい場所」、滝澤武人『マルコの世界』133頁）と福音書に三回繰り返される（6・31、32、35）。彼と同伴者はその場所で野宿したと思われる。そこは夜行性の危険な動物や盗賊の恐れがある場所だった。当時の旅には、常に死と隣り合わせの危険が伴った。イエスと同伴者は夜になると焚火《たきび》で暖を取り、上着に包《くる》まり、あるいはそれを敷いて野宿したのだろう。

さらに福音書は、大勢の人が飢え渇く「飼い主のいない羊」（6・31、他）のようにイエスのもとに必死の願いを抱えて集まったと伝える。彼はその人びとを見て、「深く憐れみ」と語る（スプランクニゾマイという動詞で、「腸《はらわた》が引き裂かれるような苦しみに駆《か》られる」ことを示す。後述の三「イエスの〝ちむぐりさ〟」を参照）。彼はそこで、わずかな「パンと魚」を人びとと分けて食べたと言う。

筆者撮影のガリラヤ湖の朝

「共食」の前触れ

このようにして、「共食」の前触《まえぶ》れになる物語がガリラヤ湖畔の出来事として語られる（30～33節）。物語には、群衆のイエスへの必死の願いと期待、熱気の渦が現実感を持って示される。そこで彼は、難民のような群衆を見て、その苦しみに深く「共感・共苦」し（憐れむ）、人びとに語りかけ、「共食」の場面に繋がるという話の展開である。

物語の語り手（また書き手）は、聴衆や時と場によって物語を自由に修正して語ったと思われる。聴衆は想像力を働かせ、湖の波や舟をこぐ音、風や匂いなどを想像しながら話を聞くことができる。さらに、病や飢えで死んだ家族や友を想う深い哀しみ、今も飢えに苦しむ人びとの呻《うめ》き、イエスへの願い求め、動揺や戸惑いなど色々と想像を掻《か》き立てられる。

福音書に記される以前の口頭伝承は、次に何が起きるかを聴衆に思わせる「手法」によって語られただろう。テレビも映画もない時代に、人びとの想像力を刺激する物語はドラマ性にあふれ、直截《ちょくせつ》的な響きを持って語り部が語ったと思われる。同時に、物語は民衆の歴史的現実やイエスの実像と響き合うだけに、人びとはその現実に思いを馳《は》せながら聞いただろう。

二　分ければ増える

1　200デナリオンの食べ物

無茶な話

そこでイエスは、協働者に対して、空腹に苦しむ群衆に「あなた方が食べ物を与えなさい」と言う。すると、同伴者は応える。「200デナリオンものパンを買って来て、みんなに食べさせるのですか」と（マルコ6・37）。

研究者は物語の中にマルコによる福音書の特徴として、いわゆる「弟子たちの無理解」のテーマを見出し、イエスの言動を理解しない「弟子たち」を強調していると言う。確かにこの福音書には、全体を通して「弟子たちの無理解」のテーマが見られる。しかし私は、この場面では「弟子たちの無理解」以上に、イエスの指示に「反論」とも思える応答を協働者が言ったように思える。その「反論」は的外《まとはず》れとは言えず、あまりにも無茶な「指示」だからである。

200デナリオンは大金である。当時の労働者の一日の労賃は一デナリオン程度だった。現在の価格では、ほぼ時給1000円（2023年度の全国平均賃金。現在は、1050円ほどに上がったと言われるが、満額をもらえる人は少ない。1500円に引き上げると言う議論もあるが……）×8時間労働で8000円。その200倍で160万円になる。イエスの協働者がそんな大金を持っていようはずがない。協働者とは言え、イエスへの応答が「反論」だとしても当然だろう。

そこでイエスは、「パンはいくつあるか」と聞く。協働者は「パンが五つ、魚二匹」と応える（ヨハネによる福音書では「大麦のパン五つと魚二匹」6・9、13節。大麦パンは貧しい人の食物）。これを群衆と分け合うというのだから、この伝承はどう見ても無茶で「ありえない」話である。そのことを先ず受けとめないと「ばかばかしい話」で終わり、民衆の驚きと衝撃の大きさを理解できなくなるだろう。

パンと魚を分け合うこと

パンは大麦粉を練《ね》り平たくして焼いたもので、魚はガリラヤ湖で獲れたものだろう。貧しい庶民が持ち歩ける干し魚だったと思われる。また、ヨハネによる福音書に興味深い話が見られる。「復活」したイエスが、炭火で焼いた魚とパンを人びとと一緒に湖畔で食べたという話である（21・1～14）。彼が人びとと焼き魚の香ばしい臭いを嗅《か》ぎながら共に食べたと言うのだから、この物語は現実的なエピソードとして語られる。当時の人びとの日常の食物を知る手がかりにもなる。

「筆者撮影の聖ペトロの魚」

さらに、次の話がマタイによる福音書に見られる。旅の同伴者のペトロが漁師だったことから、神殿税を納めるべきかどうかという問いをキッカケに、イエスが言うように彼はガリラヤ湖で漁をしたという。すると彼は、一匹の魚を釣り上げ、魚の口に銀貨一枚が見つかったという話である（17・27。銀貨は「スタテール銀貨」で四枚のドラクメ銀貨に相当《そうとう》。主に「神殿税」として使用。一ドラクメは一デナリオンに相当）。湖には、稚魚《ちぎょ》を口で育て、大きくなると稚魚が戻れないように口に小石を含む習性を持つ魚がいると聞く。そのことから、このエピソードが生まれたと推測する人もいる。

この話の史実性は疑われるが、湖で獲れるこの種の魚が「聖ペトロの魚」と呼ばれるようになった（諸説あるが、黒鯛に似たクロスズメダイの仲間、あるいは観光客に出される「聖ペトロの魚」は「ティラピア」とも言われる。山口里子『食べて味わう聖書の話』41～42頁は、鯉の一種の「ニゴイ」と想定する）。

それにしても、五つのパンと二匹の魚はあまりに少なく、群衆と分けるには不可能だ。5＋2＝7で完全数になり（象徴的な数字）、食べたパンと魚の残りが「十二籠《かご》」になったとはイスラエルの「十二部族」を象徴すると言う人もいる。しかし物語の主眼は、協働者の「反論」とも思える応答が当然であり、それだけに「ありえない」ことが起きたということにあるだろう。

2　愛のマジック——共食と共生の不思議

愛の連鎖

「共食と共生」の物語は、不可能と思える現実の中でも「分ければ増える」可能性を示す。以上の「共食」物語は、「分かち合い」が「共生」の道を拓くことを驚きに満ちた話として語る。

この物語が諸福音書に何度も語られることは、数に違いと誇張があるにしても、わずかな物を多くの人と分け合うイエスの「共食と共生」を示す出来事に民衆が突き動かされ、少しの食物でも持参した人がそれを差し出した出来事があったと想定できるだろう。そのことが「愛の連鎖《れんさ》」、「愛の波及効果」を生み出したとも考えられる。「共助と共生」の実践が育まれているガリラヤの環境と歴史において、その現実が「話の核」にあった可能性は高い。

五つのパンと二匹の魚を分け合うことは、「自分の食物」の「独占」ではなく「分け合う」ことで増えることを示すだろう。それは貧しい人びとにとって自分の「命と人生」を分け合う「共生と共存」に繋がる。そこに居合わせた人びとは、イエスの生き方に共感し、「これしかない」と思う物でも「分ければ増える」、「独占」ではなく「分配」の豊かさを知らされた可能性もある(『ガリラヤに生きたイエス』134頁以下)。その驚きと感動の喜びが忘れられない「記憶の核」になり、「共食と共生」の行為が「ありえない」出来事を惹《ひ》き起こす話として語り継がれたとしても不思議ではない。

以上のことは一つの想定だが、それが現代人にとり綺麗事《きれいごと》に聞こえるにしても、苦しみと絶望を抱える人びとに生きる勇気と希望を与えるイエスが示す出来事になった、と私は思う。ガリラヤの人びとの「共助と共生」に共通する出来事を、現代においてこそ具体化する課題を示される話であろう。

「人生」を分け合う経験

この出来事は、互いに「生きる」ことをいつくしみ合うことが何よりも大切であるというイエスの生き方を、人びとは胃袋によって知らされる「経験知また経験値」になっただろう(本書一章「ユダヤ民族の〝記憶の装置〟」)。私たちも人生の中でどのように「生きる」をいつくしみ合う経験をするか、しようとするかが重要になる。各自が「心から大切にされている」、あるがままに「受容されている」、「愛されている」ことを経験すると、忘れられない出来事として自分の人生を支えるのは確かだろう。

イエスも旅の途上で村人のもてなしを受け（ホスピタリティ）、大切にされる「愛の経験」を与えられている。その「経験知・経験値」は、空腹を満たす以上に彼自身の「共食と共生」の在り方をパン種が粉を膨らませるように豊かにしたと言えよう（［コラム8］「パン種」の不思議）。彼の「共食」の生き方に心熱くされた人びとの経験が「記憶の核」になり、「愛のマジック」と言えるほどに人びとの喜びを感じさせる伝承になっていると思う。

マルコによる福音書を基に書いたマタイによる福音書は、「共食」の人数から「女と子どもを別にして」と記す（14・21）。当時の男中心社会の考え方、「女・子どもは数に入れない・入らない」という価値観が反映している。それだけに、その場に女性や子どもたちがいたと考えてよい。

男中心の父権制社会は現代も変わりがない。この現実を自覚すると、さらに見逃せないことがある。イエスの様々な共食の場に、多様な「違い」を持つ人びと、宗教的・社会的に「無資格者」にされている人びとがいたことである。人びとを分断・排斥する差別の境界を破るイエスの生き方と思想が、物語を通して伝えられている。この現実を見据えると、私たちが彼の生き方を「追体験」していくことに、この伝承を受けとめる意味があることを知らされる。

3　ガリラヤの人びとの現実

食物に「思いわずらう」現実

イエスは、「山上の教え」の中で（マタイ5〜7章。ルカ6・17では「平らな所」と記され「平地の教え」とも呼ばれる）、貧困と飢餓に苦しむ人びとに向かって語る。ルカによる福音書12章24節以下を見ると、「（空の）烏《からす》のことを考えてみなさい。……野の花がどのように育つかを考えてみなさい……」と（私訳。マタイ6・26では「烏」を「鳥」に替えて一般化して語り、ルカの伝承が「原型」に近いと想定できる）。また、生きるに不可欠な食物などについて「思いわずらうな」と六回も語ったと伝えられる。さらに30節以下で、「あなたがたの父（神）」は、あなたがたに必要なものはすべて満たしてくださると教えている。

従来、この教えの一つの解釈として次のように主張されてきた。「命」を与え育《はぐく》む神は、野の花や空の鳥（烏）でさえも生かし養う。それ以上に「人」には必要な物を与えてくださる。だから信仰者は神を信じ、生きるに必要な物について「思いわずらうな」。先ず「神の国を求めよ」、これが「イエスのメッセージ」であると。神への絶対的な「信頼」を基軸《きじく》に文言を見ると、理解できる解釈であろう。

同時に、別の解釈の可能性がある。先の解き明かしは、「生きるに必要な物」にあまり心配しなくてよい恵まれた状況にいる人の解釈である場合が多い。確かに、絶望の淵《ふち》で悩み・苦しむ人に「心の平安と癒し」を語り、「思いわずらわずに、一緒に生きていこう」と語りかけることがどれほど人を癒し支えるか、このことは宗教を超えて重要な働きになるだろう。

しかし、ガリラヤに生きたイエスは、「思いわずらうな」ということを「思いわずらう」現実の中に生きていた人びとに「使信」として語ったのだろうか。もし「思いわずらい」の放棄《ほうき》と神への信仰を示したとすれば、理不尽な現実に抵抗せずに、結果的に信仰的・精神的世界への「逃《とう》避《ひ》」になりかねない。事実、キリスト教また教会の多くは、「伝道と社会問題」とを二元論に分け、「社会問題に取り組むことは大切だが……」と語りつつ「社会悪」を黙認してきた現実と歴史があることを否定できない。また、「心の平安と癒し」を第一に勧め、神への絶対的な信頼を求める「宗教」であり続けてきたのではないか。

注目すべきことに、「思いわずらうな」と語った後にイエスが示す「神の国」は、死んでから神のもとに行ける「天国」あるいは「あの世」ではない。もちろん、人の厳粛《げんしゅく》な死に接して、深い哀しみにあるご遺族の方に、亡くなった方が「神のもとに永遠の安らぎを与えられる」と語ることはどれほど生きている方々に慰めと安らぎを与えるかを無視できない。同時に、イエスが語る「神の国―愛が生きて働く場」は、現実の只中に実現されるべき社会的な場であることを受けとめる必要があろう。だからこそイエスは、「人の支配」ではなく「神の支配・神の国は足もとにまで近づいている」(マルコ1・14、私訳)、「神の国はあなた方の生きている現実の只中に実現する」(ルカ17・22、私訳)と断言したのである。この語りかけは、理不尽で不条理な諸悪が満ちる現実の只中において、私たちの働きを通して「神の愛と正義が支配する場」の実現を求めて「福音を生きる」イエスの使信である。

物語の背景と現実

イエスの「共食」物語は、ローマ・南ユダ・ガリラヤの権力者による三重の支配と搾取の現実において、ガリラヤで苦しみ飢え渇く人びとがイエスと出会い、食物を分け合う出来事があったことを示す。この「民衆の物語」は、イエスが示す「共食と共生」、「分かち合い」の生き方が、一度のみならず人数の多少に関わらず何度もあったことを語っていると思われる。

ガリラヤの人びとが強いられた苦しみの主な原因と現実を纏めると、①三重の支配と重税(本書三章四の一、他)。政治的支配と経済的搾取による負債《ふさい》は、農民の食物のみならず肉体の命をも奪った。②宗教的な非人間化。律法の価値基準を守れない人を差別・排斥し、人権と生活権また生存権などを奪った。③天災による食糧危機。誕生する赤ちゃんは一年以内に約30%死亡、30歳代まで生き延びた人でも80%近くの人びとが栄養不良や病気などを抱え、長寿の人がいたにせよ、多くの人が死亡したと推定される。また、イエス時代に少なくても二回の飢饉、七回の大地震があったと伝えられる（ルカ21・8、使徒行伝16・26、ヨセフスの諸文書や碑文などの聖書外資料）。④人間や動植物を襲う伝染病。特に栄養状態や衛生環境が劣悪《れつあく》な日々に生きる人びとの多くは、抵抗力がなく感染しやすかった。⑤戦争。ローマやヘロデの軍隊に農民は田畑を荒らされ、傷つけられ、殺され、「人災」とも言える暴力による被害と苦しみは深刻だった（筆者の『イエス誕生の夜明け』、特に14頁以下、225頁以下と巻末の欧米の参考資料）。

飢えに直面して

ガリラヤ人の今日一日の「思いわずらい」は、明日も変わらない現実だった。その結果、「五千人・四千人」と言わざるを得ない路頭《ろとう》に迷う人びとが生まれ、飢えていたことを物語は示す。イエスは、飢え渇く人びとと同じように「神の国」とはほど遠い環境に生き、その只中で様々な使信を語り生きた。彼もまた社会の周縁で弱くされた民衆と同様に、現実の苦難において神に信頼して生きること自体が困難になる時があっただろう。しかしその状況の中で、人びとと「わずかな物を分け合い」、「共生」しようとしたのである。

イエスは苦しみと不条理な現実において、人に苦しみや思いわずらいを強いる社会的・宗教的権威者による「社会悪と宗教悪」に抗う生き方を示した、と私は受けとめている。

三　イエスの「ちむぐりさ」――「共感・共苦」

1　イエスの「憐れみ」

「憐れむ」という言葉

共食物語における一つのキーワードは、「憐《あわ》れむ」という言葉である。イエスは「大勢の群衆を見て、飼い主のいない羊のような有り様を深く憐れみ」（マルコ6・31）と語るように、「憐れむ」が彼の「福音を生きる生き方」を理解する上で重要なポイントである。

邦語訳聖書では「憐れむ」が、「深く憐れみ」、「かわいそうに思う」、「憐れに思う」、「気の毒に思う」、「深い同情を寄せ」と多様に翻訳されている。原語のスプランクニゾマイという言葉はスプランクノンというギリシャ語で、人の内臓、特に肝臓、腎臓、心臓を示す。ヘブル人は古くから「内蔵が感情の宿る所」と考え、内臓を表す名詞を動詞にして表現したのが「憐れむ」である。その意味は、五臓六腑が激しく揺り動かされ、相手の痛み苦しみに深く感じ入り、自分の内臓が引き千切《ちぎ》られるような痛み苦しみを共にして生きる、その「共感・共苦の経験」を示す。

注意すべきことに、「憐れむ」と翻訳される言葉は、上から目線で言われる表現ではないことである。心に秘められた人を見下すような思いとは異なる。キリスト教証言書（いわゆる「新約聖書」）には、この言葉が名詞として10箇所、動詞として12個所に出てくる。動詞のほとんどが「イエスの心と経験」を表わす言葉として用いられている。

この表現はイエスの実像の重要な特質を示し、彼が絶望の淵にいる人の痛み苦しみを自分の痛みとして感じ取る「共感・共苦」の経験を告げる。そこに留まらず、彼の「福音を生きる生き方」の核心を示す表現の一つであろう。「憐れむ」ことが「共に生きる」ことに結びつく「共感・共苦」である。この「五臓六腑」も「食物」に養われ、生かされている。

「ちむぐりさ」の心

沖縄の言葉に「ちむぐりさ」という表現がある。イエスの「憐れむ」に最も近い言葉だと思う。沖縄の一人の女性が次のように語ってくださった（その時は沖縄の方言で）。「沖縄では、昔から〝同情〟とか〝かわいそう〟という言葉はあまり使われません。そのような時には〝ちむぐりさ〟と言います。〝ちむ〟は肝臓や腎臓のこと、〝ぐりさ〟は〝苦しみ〟を示し、激しく苦しみ・痛むという意味です。〝ちむぐりさ〟は、苦しみ絶望している人と共に自分の〝ちむ〟が〝苦しみ〟、共に生きようとすることを示します」と。

沖縄に生きる人びとは、歴史を通して苦しみを強いられてきた。さらに前述したように、沖縄の現実の中に生きる友人たちが異口同音《いくどうおん》に「米軍基地から飛び立つ軍用機を毎日見ていると、我々自身が〝加害者〟でもあり続けている」と語っていたことを忘れられない（「まえがき」の「本書の課題」）。沖縄の人びとが複雑な思いを持って戦後に作られた『島唄《しまうた》』中で、沖縄戦での悲劇と平和を切に願う次の一節がある。

でいごの花が咲き　風を呼び　嵐が来た
繰り返す哀しみは　島わたる　波のよう……
島唄よ　風にのり　届けておくれ　わたしの涙……
島唄よ　風にのり　届けておくれ　わたしの愛を……
（「でいご」は沖縄の県花。深紅《しんく》の色が輝く美しい花である。
作詞・作曲　宮沢和史、1992年）

この『島唄』は、沖縄戦で米兵による沖縄の一般庶民の大虐殺が続き、その極限状況を経験した「ひめゆり学徒隊」の生き残りの「おばあ」の話を聞いた宮沢さんが作った曲だと聞く。本土の「防波堤《ぼうはてい》」にされた沖縄の人びとは、日本国と軍隊のプロパガンダ（意図的な政治宣伝）により米軍の捕虜《ほりょ》になることを恐れ、ガマ（自然洞窟）で肉親同士が殺し合う現実を強いられた、と「おばあ」は語っている。

　沖縄に行くと、ガマなどから今も戦死者の遺骨が発見されると聞き、何回かわずか数日だが遺骨収集に加えていただいた。その時、「死者たちの声」が聴こえてくるような「迫《せま》り」を感じざるを得ない経験をした。現在も米軍基地が集中する沖縄の人びとは住民の意志決定と、憲法の真髄《しんずい》である主権在民また生存権を踏みにじられている！　その現実を無視して新たな米軍基地が辺野古に作られている。石垣島や宮古島、他の琉球諸島や奄美大島にも自衛隊駐屯地やミサイル基地が強行に建設され、日本軍兵士が配備されている。再び、沖縄の悲劇が起きるという危機を感じざるを得ない。そうであればこそ私たちは、自分の生きる「現場」で取り組める課題を担って生きていきたいと思う。

　沖縄戦での沖縄人に対する米軍の砲撃や銃撃、すさまじい火炎放射を地獄のようだった語る安《あ》里要江《さととしえ》さんは、98歳で亡くなるまで沖縄戦を風化《ふうか》させまいと、その現実を各地で「語り部」として伝え続けた（2020年没）。安里さんがガマの洞窟に逃げ込もうとした時、思いもよらず日本兵から「出ていけ」と追い出されたと語る。胸に抱く赤子は、吸っても出ないお乳を口にしながら彼女の胸の中で餓死したそうだ。また、赤子の兄も失っている。しかし彼女は、先の「おばあ」と同様に戦争の残虐《ざんぎゃく》さを記憶し、語り続け、「軍隊は住民を守らない！」と自らの経験を通して訴えてきた。彼女には、「本土」にいる私たちに加え沖縄在住の人の中にも悲惨な記憶が「風化」していると思えたのだろう。しかし現地に生きる人びとは、戦争の苦しみを心に刻み「忘却《ぼう》《きゃく》との闘い」を続けている。人びとは、自ら痛み哀しみを知る者として、他の人の痛み苦しみに限りなく「共感・共苦」する中で「ちむぐりさ」の心と生き方を育んできたと思う。経済的困窮《こんきゅう》と基地建設による経済復興の是非《ぜひ》をめぐる住民の分断が起き、思い悩む現実においてである。

私はいつも、「ちむぐりさ」の具体性の中で生活する沖縄の人びとの心、またイエスの生き方を「自分の心に刻み生きていきなさい」という促《うなが》しの声を自覚させられる。「本土」にいる為政《いせい》者《しゃ》・権力者が「沖縄の在り方」を決めることは、「社会悪」の暴力である。現地に生きる人びと自身が、自分たちの望む「沖縄」に生きていけるように、その「願いと希望」を受けとめ、その上で私たちに何ができるかを共に考え、具体化できるようにと切に願う。そして、私が今できることをしたいと思いつつ執筆を続けている。

イエスは、水や青草を求めても得られない羊のような人びとが彷徨《さまよ》う有り様に深く心を動かされ、「肝が痛み苦しむ」姿を福音書の諸伝承は語る。彼は人びとの強いられた苦しみに「共感・共苦」し、「ちむぐりさ」の心に突き動かされたのだろう。そして、人びとが願い求めることを第一に受けとめ、少しの食物を分け合う「共食」を通して「共に生きよう」としたのである。その生き方と思想は、互いに「生きる」をいつくしみ合うことの大切さを示し、理不尽な現実を生む権力者に抵抗する行為と離れては有り得なかった。そのことを、私たちは肝に銘《めい》じたい。

2　「絶望」も絶対ではない

カミュの抵抗活動と「シーシュポスの神話」

イエスは、ローマ帝国の支配下で暴力に依《よ》らない「社会変革」の具体化を求めて生きた。人びとの苦しみ、不安、暴力が渦巻き、「自分の死」が迫りくる現実においてである。彼の生き様を見ると、アルベール・カミュの抵抗の生き方と著作を想い起こす。

カミュは、『シーシュポスの神話』を書いている（原著1942年。清水徹訳 1969年）。この書は、ギリシャ神話に登場するシーシュポス（シジフォス）に現代人を重ねて描き、苦しみと絶望の日々においても必死に生きようとする「人間」を語ろうとしている、と私は理解する。

シーシュポスは神々の反感を買い、罰として巨大な岩を山頂《さんちょう》まで上げるように命じられた。あと少しで山頂に届くという時に、岩は奈落《ならく》の底に転《ころ》げ落ちてしまう。シーシュポスは、理不尽な苦しみを負いつつ再び岩を押し上げては転がり落ちる。これが永遠に繰り返される。カミュは、「絶望」しか見えず徒労《とろう》と虚無《きょむ》と不条理な世界、まさに「人間性」を否定する「暴力」の極みの現実の中に生きる「人間」を描いているのだろう。

この作品は、第二次世界大戦のナチス・ドイツ占領下のフランスで出版された。人びとはドイツの占領《せんりょう》がいつまで続くか分からない不安と恐れ、ナチスへの憎悪《ぞうお》を持って生きていた。カミュと少数の人びとは地下新聞を発行し、対独《たいどく》レジスタンスを始める。そこで彼は、人は「なぜ」不毛な戦いを繰り返すのか。何のために、誰のために「命」を投げ出そうとするのか。人生にそれだけの価値があるのか、と問い続ける。答えは、「馬鹿げている」(absurde) だった。通常「不条理」と翻訳され、理不尽に近い言葉であると聞く。しかしabsurdeは、「馬鹿げている」ことを率直《そっちょく》に示すようだ。

カミュは、「馬鹿げている！　しかし私は抵抗し、生きる」と言ったのかもしれない。当時のフランスに生きることは「馬鹿げて」いても、抵抗を抜きにしては有り得ないと断言したとも思える。

闇に光を求めて——抵抗の生き方

戦争は、地球上の各地で今も繰り返されている。物があり余る国でも、現在の日本のように「希望」を持てない若者を含む多くの人びとがあふれ、格差や差別、いじめや暴力などが絶えない。それでもなお、「絶望」の闇に「希望の光」を求める人びとが多い。

不条理な現実と、「生きたい」との願いや希望との間には、対立と葛藤《かっとう》、分断と分裂、不安と絶望が生じる。その現実に直面すると、何かに依存したくなる。ある人は「平安と癒し」を求め「宗教」にのめり込む。しかし「宗教」には、人を「思考停止」にさせ「批判精神」を奪う危険が潜《ひそ》む。

逆に、不条理を認識し、覚《さ》めた目で現実を「明らかに見定めて」生きようとする人もいる。しかし、すべてを断念《だんねん》し「自死」を選ぶ人も少なくない。哀しい現実である。

カミュは「馬鹿げている」現実を見据え、理不尽な運命に向き合い、「反抗・抵抗」というキーワードを用いて生きようとした（エッセイ『反抗的人間』1951年）。イエスが「共食と共生」の具体化を求め、「生きる」をいつくしむ生き方を続けたことに重なると思う。権力と暴力に「抗う」ことによって、人の固有な「命と人生」の回復を求める非暴力による「抵抗の生き方」である。

絶望すらも相対的である

虚しさと不条理の中で、再び岩を持ち上げようとするシーシュポスの生き方は、「絶望すらも変わり得る」ことを示す。「絶望すらも相対的で、決して絶対ではない」」、希望を失わずに不条理な世界の現実でも決して諦《あきら》めずに生きようとするならば、いつの日か必ず新しく生きる道が拓《ひら》かれる。この「希望」に基づく抵抗の歩み、権力者による「社会悪と宗教悪」に抗う生き方は、闇に一筋《ひとすじ》の光を見出す可能性を生む。その生き方は、誰一人として「生きる」ことを踏みにじられたままではいないことを示すだろう。

イエスは憎悪を超えて人びとと連帯し生きようとした、と民衆の物語は語る。しかもイエスは、独り抵抗するヒロイズムの人ではなかった。「共食と共生」による「連帯」を生み出し、協働者と共なる生き方を続けた。「独り」ならばつぶされてしまうかもしれない。しかし彼は、どれほど絶望的状況に見えても「希望と連帯」を共有し、自分と隣人との「共生」の人生を新しく拓く可能性を信じて生きたのだろう。彼は苦しみを強いられた人と「ちむぐりさの心」で結ばれ、大らかな笑いを生む「共食と共生」の時と場の実現を求めての実践を通して生きたことを知らされる。その生き方は、何よりも互いに「生きる」をいつくしみ合うためである。

第八章　イエスの「遺言」――ホスピタリティ

一　ガリラヤの民衆が伝えるイエスの「共食」

1　日常の食事

一日の食事

ユダヤ人の一日は、夕方に始まり翌日の夕方までである（現実には、太陽が沈むとその日は終わる）。ガリラヤ人は、夕食時になると6～8人の家族が隣人たちと一緒に中庭のテーブルを囲《かこ》み、必要な物を貸し借りして食事をしたと思われる（五章二の2「中庭での食事」）。各家の油の入ったローソク壺《つぼ》や中庭のテーブルに置かれた素焼きのランプ皿の灯芯《とうしん》に火を灯《とも》し、電灯のない時代にかがり火も明かりにして憩《いこ》いの一時を過ごしただろう。夜の寒さの中で、かがり火は暖を取るためにも燃やされた。そのようにして、数家族の人びとが満天の星空のもとで食事をする情景を思いめぐらすことができよう。さらに、ガリラヤの歴史と風土、習慣を思うと、性別や年齢の別なく賑《にぎ》やかに食事をした風景を想像できる。子どもたちの声が絶えず、祈りの時におしゃべりをすると叱《しか》られただろう。

ユダヤ人は実に話し好きで、時には議論が絶えない。ガリラヤ人も同様で、尽《つ》きない話に花を咲かせ、議論し、笑い、北イスラエルの宗教伝承や物語を語り、聞き、学んだと思われる。食事は厳しい現実における一時のオアシスになり、食事の歓談と笑いは問題を乗り越えるエネルギーになった。そのことが、明日に向かって生きる「希望」を分かち合う時にもなっただろう。

閉鎖的な食事の打破

ギリシャ・ローマまたユダヤ社会では、誰が誰と食べ、いつ、どこで、どのような席順《せきじゅん》で食事をするかが重要だった。席順と言っても、比較的富む人の家の広い食事の場では人々が肩肘《かたひじ》ついて横になり、参加者の社会的地位や身分、宗教的・文化的慣習に条件づけられ、互いの立場を確認する上で大切だった。日本でも、床《とこ》の間を背に「上座《かみざ》」に家の「主人」が座り、男性の席順も決まっていた時代もあった。その末席にも座れない女性や子どもは、食事の世話の合間に別室や台所で食べることも少なくなかった（地域により現在もその習慣があると聞く）。しかし、ガリラヤの家は狭くて各家庭や隣家《りんか》の人びとに席順はなく、日常的に中庭でテーブルを囲み食事を共にしたと見てよいだろう。

ルカによる福音書14章7節以下に、イエスが結婚の祝宴を例にして「上席《じょうせき》・末席《まっせき》」に誰が座るかをめぐる慣習を批判する話が記されている。社会的・宗教的権威者や上層階級に生きる人びとの家の食事では席順がほぼ決められ、「罪や汚れ」と見なされた人びととは食事を共にできなかった。しかしルカによる福音書を見ると、イエスはその規則や価値基準を破棄《はき》する言動を示す。彼の食事は、民族的、限定的、条件的、そして閉鎖的な慣習を打ち破るものだった。規則や条件は、人びとを「序列化」し「分断・排斥」したからである。当時の社会的・宗教的規律を考えると、彼の言動は実に革新的である。当然、彼は宗教権威者の非難の的《まと》になり危険視された。先に示したマルコによる福音書3章6節は、南ユダの神殿国家の宗教権威者が新しい「権威」になっていくイエスを恐れ、「どのようにして……殺そうかと相談し始めた」と記す。

イエスの振る舞いと教えはガリラヤの人びとに知れ渡り、ガリラヤの領主ヘロデ・アンティパスも看過《かんか》できなくなった。ローマ帝国の権力者もまた、彼を「危険分子」と見なし、「予防的弾圧」として他の「政治犯」と共にイエスを「晒し柱」の極刑《きょっけい》に処することになる。この「予防的弾圧」は、大日本帝国の「治安維持法」の「予防拘禁《こうきん》」に似ていると言えよう。

2 旅の食事

イエスの食事を伝える話

諸福音書には、イエスの旅先での食事の場面が多く記されている。彼が「誰」と食べたかを知る上で重要な民衆の物語である。そこで、『ガリラヤに生きたイエス』に新たな学びを加えて以下に纏《まと》めてみたい（筆者の「イエスとパンの分かち合い」『福音宣教』10月号をも参照）。

⑴ 社会的・宗教的に差別・排斥されていた人びととの食事──徴税人や罪人（マルコ2・15～17、並行箇所）、徴税人の頭ザアカイ（ルカ19・1～10）、皮膚病を患うシモン（マルコ14・3以下、並行箇所）との食事。

⑵ 荒れ野での五千人、四千人との「共食」（聖書箇所は本書七章）。

⑶ ファリサイ派の宗教権威者との食事（ルカ7・36～50）。

⑷ 最後の晩餐（聖書箇所は本書九章二）。

⑸ 復活のイエスの食事（ルカ24・28以下、ヨハネ21・6以下）。

他に、イエスの教えには「婚宴《こんえん》の話」（マルコ2・19以下と並行箇所、マタイ22・1以下、ルカ12・35以下と並行、ルカ14・7以下）、「盛大な宴会」（ルカ14・15以下）、食事の際の「清め」の律法をめぐる話（本書四章の「食物規定」、マルコ7・1以下と並行）などが見られる。

イエスの食事は、律法の価値基準によって宗教的にも社会的にも排斥された「社会的弱者」との「共食」だった。その共食自体が、権威・権力者の目には自分たちに抗う行為に見えただろう。

イエスに出会った人が紡ぐ話

イエスの食物語を分析すると、歴史に生きたイエスの「共食」は常に社会の中で「自分の居場所」を持てない人と共に飲み食いをし、笑いと喜びを生み出す時と場になったことを知らされる。その共食は、多様な「違い」を持つ人びとが、その垣根《かきね》を超えた無条件の「愛と平等」を具体化する「神の国の宴《うたげ》」の時と場になった。イエスに出会った人びとにとり、彼との共食はあらゆる分断や差別などからの「解放」を示す「神の国の宴」を共にする経験になっただろう。

注目すべきことに、その経験を伝える民衆の物語は、「社会的弱者」にされた人びとの中にイエスが来て共に生きたことを「物語」として語っていることが特徴的である。「徴税人や罪人」と呼ばれる人びと（レビ、ザアカイ、名前も知られない多くの人びと）との彼の「共食と共生」、「難民」のような民衆との「共食」など、多くの物語伝承を想い起こすことができる（筆者の「人の子には枕する所もない」――「〝居場所〟を奪われた人びととイエス」『福音と世界』2016年7月号）。

ガリラヤでのイエスの「共食」物語は、孤独と不安、思いわずらいや重荷を負う人びとにとって、どれほど生きる力になったかを示す。「共食」が生み出す笑いや喜びは、食物と共に「生きる糧《かて》」になったに違いない。イエスの「食物語」は「共食と共生」の生き方と思想を示し、ガリラヤの人びとが彼に促《うなが》されて自分の人生の一歩を新たに踏み出したことを伝えている。

ガリラヤの日常において、人びとが強いられた苦しみから解放されることは、ただ耐え忍ぶ生き方では得られないことを強調しておきたい。人びとにとって、物語が語るイエスの「共食と共生」の生き方と思想は、ローマ・ユダヤ世界の強権的な支配と搾取、宗教的差別と排斥に抵抗する「革新的なメッセージ」になった。注目すべきことは、「生きる糧」を分かち合う経験が、自分と仲間を「非人間化」する社会と宗教による諸悪に抗って生きる「希望の人生」を人びとにもたらしたことである。

二　旅の食事とイエスの「遺言」

1　飢えている時に

愛が冷える時

戦争を繰り返す人間は、何と愚かな生き物であろうか。暴力の極《きわ》みである戦争を黙認し、気づけば「後の祭り」にする「黙認の加害者」になるのも私たち人間である。その暴力に抗わなければ、様々な社会的・宗教的悪に抵抗できなくなる。しかし叡智《えいち》を集め、イエスが示す徹底した非暴力による「共生」の実現を求めたい。その「共生」が、私たちの「命《ぬち》どぅ宝」(「命こそ宝」)。琉球王国以来、沖縄の非暴力の抵抗運動の要《かなめ》になる言葉）であるという生き方と思想の核になるからである。このことは、決して綺麗事《きれいごと》なメッセージではない。今も残酷な暴力や戦争が、世界中で起きているからだ。私たちは、事の大小を問わず自分にできることを実践に現わし、今日の日を「共生の始め」にするためにイエスの語りかけを受けとめたい。

マタイによる福音書25章35節以下を見ると、イエスは次のように語っている。「私が飢えていた時に食べさせ、のどが渇《かわ》いていた時に飲ませ……」と。この話の背後には、誰でもが人生の旅の途上でしばしば飢え渇き、強盗や野獣に襲われるような生死に関わる現実があったことを示す。イエスと道連れもまた、旅の道中《どうちゅう》で飢えや危機にあった際に村人に支えられている（本書六章二「施しを受ける日々」）。その「もてなし」に命を支えられたことは、民族を越えて異邦人の地域に旅した時にも経験している。イエスと同伴者が受けた旅先での食事は、彼にとっても「記憶の核」になる経験になり、「私が飢えていた時に食べさせ……」という言葉に凝縮《ぎょうしゅく》しているだろう。

マタイによる福音書が語る物語は良く知られた話である。この話はこの福音書にだけ見られる伝承で、著者マタイがどのような意図や目的でこの物語を福音書の終わりに編集したのか、との問いが生まれる。福音書の文脈によると、この話は単に分かり易《やす》い物語に終わらない。イエスが社会的・宗教的権力者による晒し柱の死を前にして、「これだけは言っておきたい」との思いで語った「イエスの遺言《ゆいごん》」であると言っても過言ではない。この伝承は、福音書著者の編集によって、イエスがこの話を語った後に晒し柱の死に追いやられたという設定になっている。

注目すべきことに、著者マタイは「イエスの遺言」とも言える文言《もんごん》に先立ち、イエスが世界の終末の時に「不法がはびこるので、多くの人の愛が冷える」と断言したという言葉を記す（24・12）。そして「最後の審判」の話が続き、「すべての国の民」が裁かれると語ったと記す。その文言に直結して、愛の実践と「遺言」の使信が続く（25・31以下）。この編集を通して、マタイは何を示そうとしたのか。

搾取のシステム

ここで再度、ストーリーの展開を確認したい。話の発端《ほったん》は、イエスが処刑を目前にエルサレムの都に入ることから始まる（マタイ21・1以下）。そこで彼は、神殿の境内《けいだい》で犠牲のささげ物である小動物を売る商人、神殿への献金や小動物を買うための両替人を見て、その台をひっくり返したと語る。通常、「宮清め」と言われる出来事である（21・12～13。本書二章四「〝共食・共生〟とイエスの怒り」）。実は、商人や両替人も売り上げを神殿の経済システムにより搾取されていた。その収入は、神殿の宗教権威者の懐《ふところ》を肥《こ》やしていた。社会的・宗教的権威者が支配する神殿国家体制は、神殿税の徴収や参拝者の多額の献金、犠牲としてささげられた動物の肉を処理《しょり》して売った多額の収入などを基にしたメガバンク（巨大銀行）でもあった。その最高権力者の大祭司を中心に強力な権力体制を築いていた。この体制は、ローマ帝国の権力者と神殿の宗教権威者の「支配と搾取のシステム」として機能していた。

イエスの「宮清め」は、神殿での商売に対する「憤《いきどお》り」という以上に、神殿の本来の働きから逸脱《いつだつ》しローマの権力に追従《ついじゅう》する神殿国家の権力者とそのシステムを厳しく批判する象徴行為だったと言ってよい。彼はその宗教と「決別した」のである。その後、終末の時に起きる「しるし」を語り（24・3以下）、世の終わりの時には「不法がはびこるので、多くの人の愛が冷える」（24・12）と続く。また終末の時、「すべての民族」が神の裁きの前に立たされると語り（25・31以下）、同時に「神に祝福された人びとよ……神の支配・神の国（バシレイア）を受け継ぎなさい」と語る（25・34）。この「神に祝福された人びとよ」（新共同訳では「私の父に祝福された人たち」）との語りかけは、ユダヤ人に限らず神殿の境内に入ることができる異邦人の庭、女性の庭などの区域に来た「すべての民族」や「性別」を超えた人びとと受けとめることができる。また、愛の実践のメッセージは、「宗教」やすべての「違い」に勝《まさ》り、生きるに不可欠な食物を「飢え渇く人」と分かち合う行為に結びつく使信であると読み解くことができる。まさに、イエスの「共食と共生」の生き方と思想を示す。

さらに、著者マタイは伝承の終わりの25章40節に、イエスが「はっきり言っておく」と前置きして語った言葉を記す。この文言は、彼が語る重要な使信に付け加える常套句《じょうとうく》で「しっかり聞いて心に刻み、共に生きていこう」ということを示す。イエスは「これだけは言っておきたい」と告げて、「私の兄弟・姉妹である最も小さい者の一人（「社会的弱者」にされる人）にしたのは私にしたのと同じである」と（私訳）。逆に、「最も小さい者の一人にしなかった者は、……永遠の罰を受ける」と（45〜46節）。

イエスの話と靴屋のマルチン

イエスの話を基《もとい》に、ロシアの作家トルストイは（1828〜1910年。帝政ロシア時代）よく知られた『靴屋のマルチン』を書いている。話の荒筋はこうである。

　靴屋のマルチンは妻と一人息子を亡くし、孤独の日々を過ごしていた。ある日マルチンは、イエスがクリスマスの日に彼のもとに来てくださるという約束を老人から知らされた。彼はイエスを迎えるために部屋を暖め、質素《しっそ》でも温《あたた》かい食事を作り待ち続ける。けれども、イエスはなかなか来ない。

　そうこうする内に、極寒《ごっかん》の中で雪かきをするおじいさんにお茶を飲ませ、乳飲み子を抱え寒さに震える母親にパンと温かいスープを食べさせ、自分の上着を着せてあげた。また、リンゴを盗んで飢えをしのぐ少年を諭《さと》し、リンゴ売りのおばあさんに代金を払うのである。

夜も更《ふ》け、待ちくたびれたマルチンの家にとうとうイエスは来なかった。ところが彼は、自分に語りかける声を聴く。「マルチンよ、私に気づかなかったのか。……雪かきをしていた老人、赤ちゃんを抱いて寒さに凍える女性、リンゴの代金を払ってあげた少年は皆、私だったのだ」と。

物語で語られる一人ひとりに示した「愛の実践」は、イエスにしたことと同じだった、というストーリーである。

物語の登場人物は皆、雪かきをして日銭を稼ぐ老いた生活困窮者《こんきゅうしゃ》、差別や貧しさに苦しみ乳飲み子の命を守る女性、リンゴを盗んででも飢えをしのぐ少年さえ含む路上生活者と重なり合う。『靴屋のマルチン』の物語は分かり易い話だが、マルチンが示した「愛の実践」は難《むずか》しい課題である。トルストイが理解したことは、「社会的弱者」にされている人に「愛の実践」をし「〃生きる〃をいつくしむ」生き方にこそイエスと共なる歩みがある、というメッセージだったのだろう。また、彼が受けとめたイエスの生き方は、具体化の伴わない「真理」はないという実践の重要さを示し、「イエスの遺言」のメッセージに共通する。著者マタイもまた、この使信を「食物」を軸《じく》に展開している。マタイの編集意図も、「愛の実践」が伴う「真理」が現《あらわ》す「真実」を処刑の死に至るまで示した「ガリラヤに生きたイエス」の生き方と思想を示すことにあった、と私は理解する。

イエスの話のポイント

福音書に語られるこの話の重要なポイントは、イエスが世の終わりを告げ、裁きや罰の恐ろしさを突きつけたことではない。小難《こむずか》しい聖書的信仰の解説でもない。確かなことは、必死に「助け」や「困りごと」を抱え不正を働いてでも必死に生きざるを得ない人との「生きる」をいつくしみ合う生き方にこそ強調点がある。その生き方は、キリスト教に留まらず諸宗教を超えて求められる具体的な実践であろう。

さらに考えたいことがある。親しい友人の浜崎眞実《はまさきまさみ》司祭は、ハンセン病病歴者《びょうれきしゃ》とその家族が「人間の尊厳」を奪われ、「隔離と分断」の差別や排斥に苦しめられてきた歴史の現実を直視してきた。そして、その現実を生む原因が日本の意図的《いとてき》な「国策《こくさく》」と民衆の支持にあると言う。浜崎司祭はその実態と歴史を学び、被害当事者の方がたと共に「社会悪」と闘っている。その上で、彼は鋭く指摘する。愛の実践には「無自覚な偏見に基づく言動」が伴う。さらに、その実践が不可欠であるほどに、そこにある「落とし穴」に気づかないことがある、と。同時に彼が主張するように、「偏見差別の解消のためには、（被害当事者や家族と）〝一緒に〟世界を見るという方向転換こそが求められる」。その自覚と意識を持ち、非人間化されている被害当事者が、「救済の客体から解放の主体（になる）という方向性を忘れず、自らの立ち位置を意識し続けることが大事である」と（「〝救らい〟意識による差別事象から信仰のあり方を見直す」を参照）。

浜崎さんの指摘に、私は深く共感する。彼や協働者の具体的実践は、非人間化される人びとを生む「社会悪と宗教悪」に抗う生き方に固く結びついている。私たちは権力者の暴力と諸悪を「黙認する加害者」にならず、それらに「抵抗する生き方」に招かれていると自覚したい。

著者マタイが福音書の最後に「イエスの遺言」のように話を位置づけた意図は、イエスが切迫《せっぱく》する晒し柱の死を前に「これだけは言っておきたい」というメッセージを語り伝えることだったのだろう。

同時に重要なことは、「終末」をいつか必ず訪れる「自分の終末・人生の終わり」とも理解できることである。「自分の人生の終わり」に至るまで「イエスの遺言」を忘れずに受けとめ、「今」をどのように生きるか、その大切な課題を考えさせるイエスのメッセージである。

「イエスの遺言」の使信には、「社会的弱者」を生む社会や宗教への厳《きび》しい「批判と憤り」が込められていると思う。このことに注視したい。トルストイもまた、福音書に語られるイエスの生き方と「遺言」に共感したからこそ、帝政ロシア社会の権力支配と悲惨な現実、また歴史状況の中で「憤り」を持ち、『戦争と平和』や『靴屋のマルチン』などを書かざるを得なかったのだろう。

2 イエスのホスピタリティ

マザー・テレサと修道女たち

マザー・テレサは、イエスのメッセージを文字通りに生きようとした人びとの中の一人と言えよう。私が注目したい人びとは、彼女の死後にその遺志を受け継ぐ修道女である。彼女たちは、今もインドや他の国々の極貧《ごくひん》地域で活動している。路上で孤独の死を待つ人、社会の誰からも必要とされず「自分の居場所」もない人の「最後」を彼女たちは看取《みと》っている。飢え渇く人、貧しい人や孤児を受け入れ、一人ひとりの「生きる」をいつくしみ生きようとする。その具体的な実践は、飢えている人にスプーン一杯のスープを飲ませ、路上に倒れている人の体を拭《ふ》くことである。誰もが「人」として「生きる」ことを大切にされ（＝愛され）、いつくしみに包まれて死を迎えられるように、彼女たちは「福音を生きよう」としている。

マザー・テレサや修道女たちの実践の基盤には、「最も小さい者の一人にしたのは、私にしたのと同じである」（マタイ25・40）というイエスの使信が根づいていると思う。彼女たちの働きは、社会や宗教の諸悪に直接「抗う」ものではないにしても、決して「黙認する加害者」にならず、「福音を生きていこう」という私たちへの「招き」になっていると受けとめたい（筆者の前掲書、序章四の「宗教的病根」48頁)。

彼女たちの実践は、「心のこもったもてなし」に共通する「ホスピタリティ」と表現するのがふさわしいだろう。社会的・宗教的な差別や排斥に苦しむ一人ひとりを、逆境《ぎゃっきょう》においても「生きていける存在」として一緒に生き、いつくしみ合う「ホスピタリティ」の生き方である。世界や日本の至る所で、その生き方を続ける人びとがいる。

ヒューマニズムと平和主義

「ヒューマニズム」について、次のように断言する「学者」がいる。ヒューマニズムの「愛」は「人間中心の愛」であり、イエスは「神中心の愛」を実践した。「神」を抜きにした「人間主義」の人道的・倫理的な愛にのみ生きた人ではない、と。しかし、そのように強調する「学者」は大きな勘違《かんちが》いをしていると思えてならない。「真理」は実践に具体化される中で「真実」になるのだ、と私は思う。

イエスのホスピタリティの生き方は、「宗教」を超えて誰もが求められるヒューマニズムの実践である。彼の生き方と思想は、「神の支配・神の国」が人の働きを通してその実現を求める究極《きゅうきょく》のヒューマニズムであることを示す。イエスは社会の周縁で弱くされている人の固有な「いのちの尊厳と人権」を回復し、苦しみから解放する生き方をした。彼の生き方と思想には、

「神の国」の具体化とヒューマニズムの実践が結びついている。そうして一人ひとりを「肯定・受容」し、「生きる」をいつくしみ合い、共に生きようとすること自体が「福音を生きる」ことだった。

イエスは、どの人も自分が願う「自分らしく」生きることを求めて、そのことを妨げる問題や「命と人生」を踏みにじる暴力に抗い、どれほど難しい課題であっても問題の解決を求めて生きた人である。そこに彼の徹底《てってい》した「人間主義」の生き方が躍動《やくどう》していると言えよう。

イエスが「遺言」で示したことは、私たち自身が「人生の旅人」として日々出会う弱くされている人との相互関係の中で、「福音を生きる」ことである。その生き方は、「宗教」を問わずヒューマニズムの「愛」を具体的な実践に現わすものであろう。

三　「共食」の根底にあるホスピタリティ

1　ホスピタリティが抱える矛盾

最初期のキリスト者の実践

イエスと最初期キリスト者に見られるホスピタリティの実践は、歴史を通して多様な働きをしてきた。ホスピタル（病院）、ホスピス（終末医療）、孤児院、高齢者また心身に病や不自由を持つ方がたの生きる場所を生み、様々な社会保障や福祉制度を具体化するために尽力《じんりょく》してきた。

ただし、現代に至るキリスト者や教会の多くは、「宗教」自体が抱える問題や社会の構造的な諸悪に抗う生き方には踏み込めず、その余裕もない多忙な日々の働きをしてきたと思う。

同時にイエスの「遺志」を受け継ぐ最初期キリスト者のホスピタリティの実践は、ローマ帝国の植民支配と南ユダの神殿国家体制による「社会悪と宗教悪」に抗う生き方に結びついていたことを自覚したい。そのことによって、最初期のキリスト者とキリスト教はイエスと同様に、権力に「迫害される存在」として歩まざるを得なかったことを忘れてはならない。

ホスピタリティの実践への招き

歴史を顧《かえり》みると、迫害されていた最初期のキリスト教は、次第に「変質」していった。最初期キリスト教にも諸派が形成されたが、問題はキリスト教諸派がどのように変質していったかである（本書四章一「〝キリスト教〟成立前のイエスの〝共食〟物語に立ち帰る」を参照）。

紀元1世紀末～4世紀にかけて色々な変遷《へんせん》を経て「キリスト教」はローマ帝国の「公認宗教」（313年）になり、「国教」（392年）としての地位を確立している。そして、イエスの生き方や最初期キリスト者の生き方と、その後に形成されていく「キリスト教」との間に、次第に「ギャップ」が生じていった。その結果、イエスが示した「社会悪と宗教悪」への批判と抵抗の生き方から真逆《まぎゃく》と言えるほどに離れ、キリスト教は「信仰の精神化と理念化」をもたらした。また諸信条、とりわけそれらの信条を集約したような「使徒信条」を形成し、「イエスの神格化」を堅固《けんご》にしてローマ帝国の国教である「キリスト教」に至った。その歴史はイエスの「生きる」をいつくしむ生き方から乖離《かいり》し、キリスト教自体が「迫害された宗教」から「迫害する宗教」に変質したと認めざるを得ない。

組織化・体制化されていく教会やキリスト教またキリスト者は、社会の構造的問題や解決すべき課題に目と耳と心を閉ざし、歴史の過程においてそれらの問題や矛盾を黙認し、自らを強化・拡大していったことは確かだ。その典型として、「正統」意識を持つキリスト教は、異端審問や宗教戦争を繰り返してきた。近・現代に至る日本のキリスト教の歴史を見ても、「祈り」を持って兵士を戦場に送り、戦争協力をしてきた。子どもたちをも含む戦勝祈願の「大祈祷会」を開催してもいる。また1929年には「無らい県運動」が推進《すいしん》され、人の「命と人生」を踏みにじる「国策」としてハンセン病者と見なした人びとの強制隔離、さらに部落差別などを「キリスト教」は黙認し、加担《かたん》さえしてきた。

以上のことは一例を挙げたに過ぎない。キリスト教や諸宗教は「愛と平和」を語りつつ、現実には一人ひとりの固有な「生活権と人権」また「生存権」をも奪ってきたのである。現在に生きる「キリスト者」はこの現実を不問《ふもん》に伏さず、「黙認の加害者」になってきた歴史を真摯《しんし》に認める必要があろう。今もなお、キリスト教は社会と宗教の諸悪に抗うことを「二義的」と見なす「宣教姿勢」を示す諸教派も少なくない。私たちはその克服《こくふく》の具体化を真剣に担う必要が今こそ求められている。そこから私たちは、キリスト者である・なしに関わらず、イエスの使信を受け継ぐ生き方を始めることができよう。

イエスのホスピタリティの生き方が、私たちに対して社会的・政治的な課題や宗教に内在する諸問題に抗う「福音を生きる」ことへの促しであると受けめたい。たとえ茨《いばら》の道を行くことになろうとも、である。

2　人は人、神は神

ホスピタリティの源

イエスの生き方とその核心には、「人は人」であり「神」にはなり得ない、なろうとしてはならない、という揺《ゆ》るぎない理解が根づいている。彼はその理解に基づいてすべてを「相対化」し、「絶望」をも絶対化しない。その上で、人間を含むあらゆる生物や自然との「共生と共存」のメッセージを語るのである。

イエスが示すホスピタリティの根底には、ヘブル人の「記憶の核」の一つである「出エジプトの経験」と同質の生き方が見られる。ヘブル人は、エジプトの権力支配から「自由と解放」を求め荒れ野に旅立った。旅の途上で「命」の危機に直面し、何度も異国人のホスピタリティに助けられた。その経験に基づき、レビ記は次のように記す。「あなたたちのもとに寄留《きりゅう》する者を、あなたの土地に生まれた者同様に扱い、自分自身のように愛しなさい（大切にしなさい）。なぜなら、あなたたちもエジプトの国において寄留者であったからである。私はあなたの神、〝いのちの神〟である」（19・34）と。箴言《しんげん》もまた、弱くされた人への愛の実践を語る（24・14～22）。

イエスは、レビ記19章18節の「自分自身を愛するように隣人を愛しなさい」という言葉と、19章34節の「寄留する者を……自分自身のように愛しなさい」という二つの言葉を自由に結合し、さらに申命記6章4～5節の全身全霊を持って「あなたの神、主を愛しなさい」（この箇所にもイエスは自由に言葉を付加して語る）という文言を一つに結びつけ、「あなた自身」が「命と人生」を奪われている人の「隣人」になって「自分のように愛しなさい」と語っている（マルコ12・31、ルカ10・27）。そしてイエスは、これに「まさる掟《おきて》はない」と断言し、「神を愛する」ことと「あなた自身」が社会的弱者の「隣人」になって共に生きることが「福音を生きる」ことであると言い切っている。この語りかけをホスピタリティの核心《かくしん》としてイエスは示したのである。

人は決して「神」になってはならない

イエスもまた旅の途上で、社会の周縁に追いやられた人に向き合い、共に泣き、笑い、語り合い、「共食と共生」の具体化を求めて生きた。その生き方を通して、人の「命と人生」を踏みにじる社会的・宗教的権威・権力者やその体制に抗った。彼の「共食と共生」の生き方と思想は、社会悪と宗教悪に対する抵抗に結びついていたことを示す。

しかし、独占欲に縛《しば》られた者による搾取は肥大化《ひだいか》し、人や動植物の命をも奪ってきた。自然破壊に歯止めをかけることもできない。その最たるものは戦争である。人間は殺傷与奪《さっしょうよだつ》の権を持ち、「神」になって生きているかのようだ。権力者の生き方は、戦前・戦中に「靖国神社で会おう」を合言葉に多くの人を戦場に送り、戦死者を「神」に祀《まつ》る「靖国思想」に結びつく。太平洋戦争において、国策に従うキリスト教もその戦争に加担し、また老若男女《ろうにゃくなんにょ》を駆《か》り立てた報道関係者の責任も重い。権力者は常に安全な所にいて、今も「靖国参拝」を続けている。これほど大きな矛盾があろうか。

イエスはすべての人を相対化し、人は決して「絶対的存在」になってはならない、天皇をも「神にしない」生き方とホスピタリティの真髄《しんずい》を宣言したのである。

四　自立と分かち合いの生き方

1　自立と共生

「命」を与えられた存在

イブとアダムの物語を想い起したい。神に創造され「命」を与えられた「人間」は、決して操《あやつ》り人形やロボットではなかった。「〝未知の世界〟に踏み出すイブ」で記したように（三章二）、「人」は神が命じる禁断の掟をさえ破り、自分の意志や主体性を持って禁断の実を食べることを選んだ。アダムもイブに勧められたとは言え、自分の意志と決断で食べることを選んだのである。そこに互いに向き合う「人」としての「共食と共生」の生き方が見られる。その「共生」の在り方は、互いに自立的存在として何かを選び、決断し、生きる自由を持つ者の協働の実践を示す。

「失楽園」（現実社会）で生きるには、不条理な苦しみと困難が伴う。出エジプトをしたヘブル人もまた、非人間的な社会からの「自由と解放」を求め自立的に荒れ野に旅立ち、40年もの間、苦難の絶えない放浪の旅を続けた（「40年」は長年月を示す象徴的数字）。人びとは「エジプトにいたら食べることはできた」と繰り返し不平不満を口に出し、過去を振り返りもした。しかしヘブルの民は、荒れ野という「失楽園」の中で労苦を担いつつ、「希望」を実現しようとする「意志」を持ち、苦難の中を共に生き続けたのである。荒れ野を漂泊《ひょうはく》する民の歴史は、未来に向かって今を生きる歩みでもあった。

荒れ野において

興味深いことに、出エジプトをしたヘブル人の中には他の民族や部族の人もいたことである（出エジプト記12・38）。ヘブル人の新たな旅立ちは、民族や性別・年齢などを超えて共に生きる荒れ野への歩みだった。その後、ヘブルの民と他の民族はそれぞれ独自の道を選び生き始める。

荒れ野に生きる人びとは支え合い、乏しい食物を分け合い、「乳と蜜の流れる地」を求めて旅を続けた。その歩みにおいて、神が指導者の一人であるモーセにユダヤ教の根幹《こんかん》を成《な》す「十戒」（律法）を与えたと伝えられる。これが「神の愛に基づき生きる契約」になり、人間が「共生」するための規律になった。その律法を基軸に各自が主体性を持って「自立」し、「自律」して歩もうとする「人間の姿」を見ることができよう。

出エジプトの経験に続く「共生と共存」を求める人びとの歩みは、イエスの「遺言」に示されるホスピタリティの実践に結実する。イエスも「飢えた人に食べさせ、渇いている者に飲ませ……」というホスピタリティの具体化を求めて生きた。彼が飢えた人びとに差し出した食物は、「少年」が五千人の飢えた人びとを前に「大麦のパン五つと魚二匹」を独占することなく差し出した物であったと語るエピソードに繋《つな》がる（ヨハネ6・1～15、特に9節）。この象徴的な出来事は、「少年の行為」が小さくても、食物を分け合う「実践」と「愛の連鎖」を生み出す現実を示す。そのことを「愛の奇跡」として物語るのである（六章「五千人との共食――〝憐れみ〟の心」）。

2　自他共に愛する

自分を愛する者

「人」は「独り」では生きられない。だからこそ、互いに「大切にする＝愛する」生き方が求められる。しかし、私たち人間は「自己中心的」な生き物であると言わざるを得ない。今日のパンを求める貧困者のために全財産をささげる行為、人のために「命」を投げ出す自己犠牲の死を理想化し、そのような出来事を「美化」し「美談」にもする。「自己犠牲の死と贖罪」のテーマに結びつけた「小説」が話題にもなる。

しかし、他の人のために「自己犠牲と贖罪」の生き方を美化して終わりにするのも私たちである。けれども、その生き方を「自分にはできない」と嘆《なげ》く必要はない。人に強要するものでもなく、強いられるものでもない。人を愛することは難しく、自己中心で弱い者だと「自己否定」する必要もない。

私たちは机上《きじょう》の議論のために生きているのではない。人は「自分の人生」を変えられる。イエスの「遺言」とも言える「使信」を受けとめて、キリスト者である・なしに関わらず「互いの人生」を「受容」し合い、失敗や過ちを重ねても、自分にできることを求めて生きていきたい。そのことが、繰り返しのきかない「自分の人生」を大切にし、自他共に「生きる」をいつくしみ合う生き方に繫がるだろう。

愛する時は「今」

「自分を愛する」ように「隣人を愛する」というイエスのメッセージは、自分自身が「困りごと」に苦しむ人の「隣人」になり、相互に「生きる」をいつくしみ合う生き方を切り結ぶ使信であろう。互いに「大切にし合う」（いつくしみ・愛し合う）生き方を求めるからこそ、「社会悪や宗教悪」に抗う実践が生まれる。イエスが人の「生きる」をいつくしむ生き方を続ける途上で晒し柱の上で殺されたのは、権威・権力者の諸悪と暴力に抗った「結果」であった。しかし、彼の「福音を生きる」生き方に「希望」があることを心に刻み、「現代の荒れ野」で生きていきたい。「愛する時は今」であることを忘れずに。

第九章　イエスの処刑前の食事――最後の晩餐

一　レオナルド・ダ・ヴィンチの問いかけ

1　『最後の晩餐』という絵

食堂に描かれた『最後の晩餐』

レオナルド・ダ・ヴィンチは（1452 - 1519）、イタリア・ルネサンスを代表する中世の「知の巨人」と言ってよい。彼が描く『最後の晩餐』は福音書を題材にし、イエスが晒し柱の死を前に「十二弟子」との最後の食事をした場面を描いている。彼の最後の「共食」の場には、旅で苦楽を共にしてきた協働者がいる。しかし福音書によると、ユダはやがて彼を「裏切り」、「筆頭弟子」のペトロは「イエスなど知らない」と三度も彼を否認し、男性の同伴者は全員が散り散りに逃げ去ることになる。実に、「人間の本性」を示す物語である。女性の協働者もまた、イエスの仲間として捕らえられる危険を感じ、「遠くから」彼を見守る他なかったと語る（マルコ15・40）。その人びととイエスとの「最後の晩餐」を共にする絵は、イタリアのミラノに建てられた教会の男性修道院の「食堂」の壁に描かれている。縦4m×横9mの横長の大作で、食堂に集まる修道僧を見おろす高さにある。修道僧は「食」を楽しむどころではなかったのかもしれない。

ダ・ヴィンチは親交のあったパトロンに依頼され、1495年からこの絵を描き始め異例《いれい》の速さで三年後に完成させたと言われる。しかも、彼の作品は未完成が多い中で、数少ない完成した絵である。熱狂的な思いに突き動かされて描いたのだろうか。

福音書によると、イエスは食事の最中に「人の子（私）を裏切る者は不幸だ。生まれなかった方がその者のためによかった」と言ったとされる（マルコ14・21）。これはイエスの実際の言葉とは言えず、伝承のドラマ性を高める文言だろう。しかし伝承者は、イエスがその時どのような思いを持っていたかを語ろうとしたのかもしれない。また『最後の晩餐』の修復画を見ると、彼が「共食」において「裏切る者」に言及した時の協働者の驚きと不安、動揺とざわめきがリアルに描かれている。さらに、十二人の一人が「女性」と思われる人として描かれている。絵の中にドラマがあるのだ。

『最後の晩餐』の奇跡

壁画が描かれた食堂は、いつも調理場の湿気に晒《さら》されていたようだ。加えて、ダ・ヴィンチが用いた絵の素材や技法にも原因があり、『最後の晩餐』は当初から損傷《そんしょう》を受け始めたと聞く。ナポレオンの時代には、食堂が「馬小屋」として使われ（18世紀末）、二度も洪水に見舞われている。

絵は何度か修復され、原画の色彩や表現が正確には分からなくなったようだ。それでも、500年以上も『最後の晩餐』が失われずに残ったのは奇跡だろう。

一人の修復家ピニン・ブランビッラが、1977年から20年以上の歳月《さいげつ》をかけて絵を修復した。歴史に名を刻まれてよい仕事である。彼女の緻密《ちみつ》な作業によって修復された絵は、科学的調査も含めていくつもの新発見をもたらした。元の色彩や表現が甦り、原画は次の特徴を持つことが明らかにされた（片桐頼継『よみがえる最後の晩餐』、他の論考をも参考にした）。

①絵の中央にいるイエスの左のこめかみに釘《くぎ》が打たれ、それを支点に正確な遠近法によって糸を張り、テーブルや天上、床などが描かれている（絵に描かれてなお釘で打たれたのか）。②イエスの口が少し開き、何かを話しかけているように見える。③食卓には「魚」が描かれ、

『最後の晩餐』の修復画

④「十二弟子」は、イエスを中心に三人一組の四グループに等間隔《とうかんかく》で配置されている。⑤背景の左右の壁には、鮮《あざ》やかな花模様《はなもよう》の織物の壁かけが描かれていた。

以上を見ても、ダ・ヴィンチの解釈によって描かれた絵画と、今まで知られていた絵とはかな

り違うことが分かる。『ダ・ヴィンチ・コード』という小説や映画が生まれるほどに、『最後の晩餐』は多くの謎や特徴を持つ作品であろう。

2　ルネサンス人・ダ・ヴィンチのメッセージ

ダ・ヴィンチの思い

彼は何を思って、この絵を修道院の、しかも「食堂の壁画《へきが》」として描いたのか。本来の絵は何を語るのか。色々なことを調べると、以下のように想定できそうである。

イエスの口が開いていたことに注目すると、何かを語りかける仕草《しぐさ》を想像できる。「十二弟子」は横一列に並んでいるので、話しかける相手は「弟子たち」と共に修道僧、絵を見る人びととも言える。

食堂は「命」を保ち生きるに不可欠な「食物」を口にする場所である。修道僧は神に祈り、聖書を読み、黙想し、神に自分をささげて修行の日々を生きていた。その修行は、当時も「一日の食物」さえ得られない人がいることを知っての行為だったのか。修道僧の無言の「食事」も修行の一つだったのか。日本仏教の宗派にも「食事」自体が修練であり、タクアンをかじる時にも音を立てずに食べるという何とも味気のない規律があると聞く。

『最後の晩餐』の最下部は床から2ｍの高さにある。かなり高い所に描かれ、絵の中央にいるイエスは常に修道僧を見つめる形になっている。ダ・ヴィンチは、そのように描くことによって彼自身の意志をイエスに託《たく》し、「なぜ、そんなに渋い顔をして食べるのか？　もっと楽しんだらどうだ。時には歌ったらどうか。共に食べることは楽しくすてきなことじゃないか」。「何のために祈り、聖書を読み、いかに生きようとしているのか」と語りかけている、と想像するのは不謹《ふきん》慎《しん》で独断的かもしれない。しかし、そう考えるには理由がある。

彼はルネサンス人である。ルネサンスは、人間の自由と解放を求めたギリシャ・ローマの芸術・文化を新たに開花させた復古運動であろう。彼はキリスト教の父権制体質、硬直《こうちょく》した神学や教義などに抵抗し、各人の個性や感性の活性を求めた一人だったようだ。彼は、「生きる」をいつくしむイエスに共鳴しているようにも思えてくる。またダ・ヴィンチは、「自由に生きる」ことを重視したイタリア人である。絵には、イエスの横に「女性」が描かれていたとの調査結果も納得できる。以上のことから、絵の中のイエスが「なぜ、そんなに……、共に食べることは楽しいことではないか……何のために祈り、聖書を読み、いかに生きようとしているのか」と語っているように思いめぐらすこともできそうだ。

また修道僧に向かって、自分を権力に金で売った「ユダ」のような人が「あなたたちの中にもいるではないか」と睨《にら》みを利《き》かせているようにも思えてくる。富と力によって建てられた荘厳な教会の男性修道院の中でこの絵を見ると、修道僧のみならず宗教権力者と硬直化した信仰の教えに対するイエスの批判の声、ダ・ヴィンチの反骨精神が現実味を帯びて迫ってくる気がする。

食卓の上には

「最後の晩餐」のイメージから、豪華《ごうか》な食事の場面を想像する人がいるだろう。特に、マルコ、マタイ、ルカの福音書では（通常「共観福音書」と呼ぶ）、その食事が「過越しの食事」だったと言われる。過越しとは「出エジプト」を記念するユダヤの三大祭りの一つで、通常テーブルの上に発酵させずに焼いた堅《かた》く平たいパンと子羊の肉、野菜や果物、ワインなどが並ぶ。

ところが、絵には子羊ではなく「魚」が描かれている。イエスが五千人・四千人と共に食べたのも「パンと魚」だった。ダ・ヴィンチが描く小さな丸いパンは過越しの時に食べる「種入れぬパン」ではなく、パン種で膨らませ成形したパンのようである。イエス時代には無いワイングラスや食器も置かれ、オレンジかレモンと思われる果物も見られる。彼は、ほぼ二千年前の食器や食物を知らずに、あるいは故意《こい》に無視して食事の風景を描いたのだろうか。色々な問いが生まれる。

彼が題材にした物語は、ヨハネによる福音書13章21節以下と考える学者もいる。著者ヨハネが語る伝承は、最後の晩餐を「過越しの食事」ではなく、その前日の食事として語るからである。

しかも福音書は、夕食が始まる前にイエス自ら「弟子たち」の前にかがみ、その足を洗う出来事を語る。この行為は、多くの場合、イエス時代の召使いの役目だった。ガリラヤの貧しい人びとの家には召使いはいなかったので、旅人や客人を「もてなす」時には家の者が行ったと思われる。イエスの足を洗う行為は「貧しい旅人のような人びとに仕える」ことを示したと言える。その意味でも、ダ・ヴィンチだからあり得るという想定だが、彼はヨハネによる福音書を題材にして描くイエスが「(あなた方は) 何のために祈り、聖書を読み、いかに生きようとしているのか」と、この絵を見るすべての人に問いかける絵を創作したと思い描くことも可能だろう。

聴こえてくる声

ダ・ヴィンチはヨハネによる福音書を基に、イエスの「最後の食事」を特別な食事ではなく「日常の食事」として描いたとも考えられる。イエス時代の人びとにとり、ぶどう酒は水と同様に食事に不可欠だったので、福音書に記述がなくても絵のテーブル上にワインが並んでいて当然だろう。

また修復された原画の食卓には、テーブルクロスが敷かれていることが判明。銀色に光る大皿や小皿、指洗い用のフィンガーボール？　も見られる。さらに、ナイフや塩を入れた壺《つぼ》のような物もある。これらの食器は、イエス時代には無かった物である。修道院また宗教権威者や富裕な商人が用いた食器だろうか。ダ・ヴィンチが福音書を題材に中世時代の食べ物や食器との矛盾を無視して絵を描いたと仮定すれば、この絵を通して彼の時代の社会的・宗教的権威者に対する皮肉や批判、反骨精神の主張さえ聴こえてきそうだ。少し開いたイエスの口からも、修道僧やこの絵を見る人に対して自分の「協働者として生きよ」と語りかける声が響いてくる気がする。

以上は、私の自由な問いと可能性を探った想定であり、思い込みかもしれない。ただし、『最後の晩餐』の絵に示されるメッセージは、ダ・ヴィンチの聖書理解を示し、没頭《ぼっとう》するように絵を描いた知の巨人であるルネサンス人の気迫《きはく》をさえ感じさせられる、と私には思える。

二　イエスの最後の食事

1　最後の食事

過越しの食事？

四福音書にも、イエスの最後の食事に違いが見られる。通常は、「最後の晩餐」が共観福音書に由来すると理解されている（マルコ14章、マタイ26章、ルカ22章）。これらのテキストは、イエスが晒し柱に括《くく》られる前に「最後の食事」として何を同伴者と食べたかを示していない。「何を食べたか」などの問いは些細《ささい》なことだが、時代考証を前提にいくつかの仮定を述べてみたい。

金銭をあまり持たない旅人イエスの一行にとって、緊迫感はあったにしても「最後の食事」になるとは露《つゆ》知らず、少し豊かな食事をしたとは考えにくい。もし「過越しの食事」だとすれば、彼と同伴者は当時の慣習に習い、子羊の料理、発酵させず平たくして焼いたパン、ワイン、野菜や果物などを食べた可能性がある。しかし、いつも貧しく弱くされている人と共に生きようとしたイエスが、過越しの祭りだからといって一夜を過ごす宿で豪華《ごうか》な食事をした可能性は低い。ヨハネによる福音書が語る通常の食事ならば、貧しい人びとと同じパンと塩、オリーブ油、ワイン、少しの野菜の食事をしたと考えられる。歴史的に確認できないが、その可能性は高い。

食事の場所——危険な木賃宿?

食事をした場所についても、各福音書に違いが見られる。マルコとルカはある人の家の「二階の広間」、マタイは「ある人の家」、ヨハネは「夕食の時」と語る。イエスと同伴者が食事をした場所も歴史的には確証できない。最近の研究によると、歴史的に蓋然性《がいぜんせい》の高い場所を次のように提示する。イエスと同伴者は、エルサレムの都に近い通常の宿とは異なり、社会の吹き溜《だ》まりにある「木賃宿《きちんやど》」のような安宿に滞在した可能性が高いと。その宿は貧しい旅人が利用し、清潔な所ではなかったようだ。いつ物が盗まれても不思議ではなく、危険が伴う宿だったと想定できる。

イエスと一行は、エルサレムの都の近隣《きんりん》で、暗く危険な現実が渦巻く安宿で夜を過ごし、貧しい人びとと同じような食事が「最後の食事」になったと考えるほうが歴史に即している。しかし、彼にとっての食事は今までと違い、笑いに満ちた楽しい喜びの時と場ではなかったと思われる。底知れぬ哀しみと緊張感、研《と》ぎ澄《す》まされた感覚に包まれ、ある種の「覚悟」を持ってその時を過ごしたとしても不思議ではない。それでも、彼と協働者にとっての「共食」は、当時の神殿参拝者と変わらない安宿での質素な食事だった、と私は想定する。

2 イエスが食事を共にする人びと

「共食と分かち合い」の可能性を閉じない

イエスはガリラヤから旅立ち、南ユダの大神殿があるエルサレムの都に来て宗教権威者と、世界を支配するローマ帝国の暴力を見据えていただろう。洗礼者ヨハネの斬首《ざんしゅ》を聞いたイエスは、「自分の死」を意識しても当然と思える。

イエスは緊迫《きんぱく》した状況において、自分の生き方を無理解どころか誤解・曲解する協働者、しかも自分を裏切る同労者を意識しつつ、その同伴者と「共食」をしている。けれども、イエスの実像と生き方を思うと違和感を覚えない。どれほど欠けや過ちを犯し、彼の「協働者」と呼ぶにはほど遠い人びとであっても、その人びとを彼は「受容」し食事を共にするのである。

重要なことに、イエスは人が必ず「過ちや罪を犯す者」であることを見定め、互いに許し合う生き方を示したことは確かだろう。ただし、「罪や過ちを許す」と言っても従来の「キリストの贖罪」の教えとは異なる。イエスが示したことは、互いに不完全で罪や過ちを犯す者だが、「生きていける存在」として認め合い、「受容」し合う生き方を示したのである。彼は、「徴税人や罪人」と既定《きてい》された人びとまた自分を裏切る協働者であっても、「共食」を通して相互に「生きる」をいつくしみ合う生き方を具体化したのである。彼は、その「共生」を生む時と場を決して「閉じない」。「閉じる」のは宗教権威者だった。

私たちは、互いに「受容」し合う生き方を求められている。同時に自らの過ちや罪の責任を担って生きる、つまり自らの「贖罪の生き方」を求められているのである。この「罪責《ざいせき》と贖罪」を自ら担って生きることと、「キリストの犠牲の死による贖罪と赦し」また「救い」の信仰を与えられて生きることとは異なる。このことを心に留めたい。

三　愛と哀しみの食事

1　秘められた痛み哀しみ

別れの時

最後の晩餐は、イエスと愛する者との「別れの時」になった。その食事は、物語の文脈では彼にとって晒し柱の処刑死を前にした最後の食事になった。にもかかわらず、彼は食事に際し神に「感謝して」(「感謝」を示すユーカリスティアの動詞形、マルコ14・22〜23、他)、共に食事を始める。「神の国の宴」である「共食と共生」の食事の際に、自分を裏切る者さえも「受容」するイエスの言動は、誰一人例外なく「肯定」し「生きる」をいつくしむ彼の生き方を示す。また彼は、「非人間化」され「生きる」ことを否定される人の痛みに「共感・共苦」し、社会的・宗教的権力者とその体制が生む社会悪と宗教的な構造悪に「憤り」を抱いて抵抗の生き方を貫いたことを忘れてはならない。

イエスはその夜、福音書の文脈によると、ゲッセマネの園で「私は悲しみのあまり死ぬほどである」（マルコ14・34、他）と神に悲痛の祈りをしたと語られる。この伝承はドラマ化されているが、孤独と絶望の淵《ふち》にいる「生の人間イエス」が、その時「孤独」を味わい尽くす姿を示す。

ショッキングな言葉

イエスは、人の弱さや惨《みじ》めさに共感・共苦する「ちむぐりさ」の心と感性を持ちつつ、自らの弱さや悲しみを抱えて自分の死に向き合った。そして、彼が協働者と共にパンとぶどう酒を分かち合う時、次のように語ったと言われる（マルコ14・22以下、他）。

彼はパンを手にして「取りなさい。これは私の体である」と告げ、ぶどう酒の杯を取り「これは、あらゆる人のために流す私の契約の血である」と（マルコ14・24の邦訳は「多くの人のために」だが、ギリシャ語は「あらゆる人に」を示す）。この言葉は不思議な語りかけである。否、それ以上に、ショッキングな言葉である。彼と食事をした人びとは、これがイエスとの「最後の食事」になるとは思ってもいないので、この言葉を理解できなかっただろう。この語りかけは、イエスが文字通りに語ったかは不明である。むしろ疑問である。しかし、少なくても民衆や最初期のキリスト者は、彼の「語りかけ」として受けとめた「食卓・聖餐」の時の言葉である。

イエスの食卓は、ユダヤ教の人びとにとって呪わしい行為だった。特に「血」は本来「命」の象徴だったにしても（創世記9・4前半、レビ記17・14、申命記12・23半ば、他）、血を食すことは律法による「タブー」だった（創世記9・4後半、レビ記7・26、17・10以下、申命記12・23～25、他）。彼の言動は、ユダヤ教権威者の神経を逆撫《さかな》でしただろう。加えて、異邦世界においてもパンとぶどう酒を自分の「体と血」の象徴にすることは「奇異《きい》」な行為だった。なぜ最初期のキリスト者は、そのような呪わしく「奇異」とも思える「イエスの食卓」を「聖餐・感謝」として受け継いだのか。

「私を与える」しるし

「私の体」や「私の血」という文言は、イエス自身を示す。彼はパンとぶどう酒を「分かち合う」際に、神に「感謝して」（ユーカリスティアの動詞形）、「私自身をあなたがたに与える」と告げる。少なくても「民間伝承」や福音書著者はそのように語り伝える。これまでも示したが、「イエスの食卓・聖餐」は「感謝」（ユーカリスティア）と同じ言葉で語られている（後述の四の1「聖餐の心棒——感謝と信頼」も参照）。この言葉に少し説明を加えると、イエスは神に「感謝し」次の意味を込めて語ったと言えよう。

私は、私自身をあなたがたに与える。ガリラヤの場で生きてきた私の存在と生き方を受け入れ、生きていきなさい。私は、ほどなく晒し柱の上で引き裂かれるだろう。いま裂《さ》いてあなたがたに渡すパンのように。このパンを、「私」と思って受け入れなさい。
私の流す血は、私とあらゆる人を固く結ぶ「新しいいのちの約束」のしるしである。このぶどう酒がその象徴である。これによって、あらゆる人に「私のいのち」を与えよう。

第一に注目すべきことは、「聖餐」がイエスによって「あらゆる人に」与えられる「イエスのいのちのしるし」（象徴）としてのパンとぶどう酒と語られることである。重要なことに、イエスは「信仰」の強弱どころか「受洗の有無」や「資格」も問わない。すべての「条件や規定」を超えて、「あらゆる人に」と語る。彼の協働者が「受洗していない」こともそれを示す。この点で、同じ所作《しょさ》と言葉を示す五千人や四千人との共食（「イエスの食卓・聖餐」）も同じである。

第二に、ユダヤ人にとって「体と血」を「食べる」行為はタブーで呪わしいことだった。しかし最初期のキリスト者は、パンとぶどう酒の食卓・聖餐を「イエスそのもの」として受け入れ、「イエスの生き様」を「想起」し（アナムネーシス）、神に「感謝して」生きようとした。「ガリラヤに生きたイエス」の存在、晒し柱の極刑に至る生き方を「神によるパン」、生きるに不可欠な「イエスのいのち」としてキリスト者は受けとめたのだろう。ユダヤ人にとっても、前述したように「血」は「命」の象徴だった（申命記12・23、他）。

最初期のキリスト者は、イエスの「共食」での言葉と行為、また最後の晩餐の経験などを「記憶の核」として心に刻《きざ》み、いつも彼の生き方を「想起」し、「聖餐」を神の国の宴として「感謝」し行ったのである。イエスが自分の生き方の「結果」として処刑を前に「私自身をあなたがたに与える」と語る使信は、自分を裏切る者の人生をも変える「衝撃的《しょうげきてき》な出来事」になった。彼の行為は、社会において「最も小さい者」にされた人びと、また彼を裏切る者さえも「受容」し、その一人ひとりの「生きる」をいつくしむ生き方を示す。同時に、現在の教会の在り方への厳しい問いかけになっているだろう。

2　私を裏切る者がいる

イエスとの関係を断つ

イエスの食事の場にいた協働者は皆、肝心《かんじん》な時に彼との「関係を断った」人びとである。その人びとの心の奥底には、「イエスと決別した」という拭《ぬぐ》い去ることのできない自責の念と自己嫌悪、情けなさが「負い目」になっていたに違いない。協働者として生きてきた人びとは、ローマの極刑に至るイエスの死の現実に直面し、「つまづいた」のである。取り返しのつかない「つまづき」が、彼の晒し柱の「犠牲の死」によって「赦される」なら、「無理解な協働者」は再び能天気になるだろう。さらに、贖罪の責任を自ら担って生きる意志と自覚を持てない人生になる。

聖餐において重要なことは、宗教権威者から「罪」と規定され「社会的弱者」にされた人びとと同様に、イエスは自分との関係を断った協働者さえも「受容」する生き方を示したことである。「救い」に生きる新しい人生は、自分自身が罪や過ちの「贖罪」を自ら担って生きる者として「受容」され、「生きる」ことをいつくしまれる存在として「肯定」されているからである。その生き方が、「人生の方向転換」（メタノイア・悔い改め）をして生きる新しい人生になると言えよう。

重要なことは、私たちは誰一人例外なく「過ちや罪」を犯す者であるとの自覚と認識を持つことである。イエスは、私たちが互いに罪や過ちを犯す者として「受容し合い」、「生きていける存在」として「生きる」をいつくしみ合う生き方を示したと言ってよい。私たちは、自ら「贖罪の生き方」を始めることによって新しい人生を生きていけるのである。そこにイエスの「福音に生きる」道が拓かれ、あらゆる垣根や違いを超えて、互いに「生きる」をいつくしみ合う人生を見出すことができるだろう。

イエスの晒し柱に極まる歴史的な生き方と、その「結果」としての「死」の現実を「神格化・教義化」し、キリスト教の常套句《じょうとうく》（処女降誕、神の子、罪、悔い改め、キリストの十字架の犠牲死による贖罪、復活、昇天、三位一体の第二格の神……など）に閉じ込めてはならない、と私は思う。

「復活」の体験

イエスの協働者は、イエスの死後、彼を裏切り晒し柱の死で「すべてが終わった」という虚無感、自分自身に対する呪わしさと自己嫌悪の呪縛《じゅばく》の中に落ち込んだと思えてならない。しかし、「すべてが終わった」と思った人びとは、自分のすべてが「生きていける存在」として「受容」されていることを、筆舌《ひつぜつ》に尽《つ》くせない「原体験」として各人各様《かくじんかくよう》に与えられたのであろう。それがどのような経験であったかについて諸福音書の著者は、ローマの極刑で殺されたイエスを神が「起こされた」（エゲイロー。「復活」の本来の意味）と告げる。その出来事は、肉体の蘇生《そせい》や甦《よみがえ》りではない。肉体の復活ならば、再び死ぬことになる。新たなイエスとの出会いは、各人に内在的・実存的に「イエスが今起こされ生きている」と言わざるを得ない経験であった。その驚くべき出来事を、人びとは神が「起こされた（復活）」と呼ぶ他なかったと言えよう。

ある人は次のように記す。「復活」については多様な理解がある。さらにその人は、結局は様々な理解や主張を「すべてよし」とする。聞きようによっては「寛容《かんよう》」な意見に思えるが、しかし、自分の旗幟《きし》を不鮮明にしたまま記し、「イエスの実態」の歴史的探求と学びを欠いて、イエスの生と死の実像から乖離した聖書の「信仰的理解」の域を出ない主張であると思わざるを得ない。「復活」と言われる出来事においてイエスに新しく出会った同伴者の経験が、その人びとによって多様な表現によって語られ始めたのは事実である。各人の復活体験は、例えばルカによる福音書に見られるように「心が熱く燃える」（ルカ24・32）圧倒的《あっとうてき》な「迫《せま》り」を感じさせる現実だった、と伝承者は告げざるを得なかったのだろう。

私は、『ガリラヤに生きたイエス』において次のように記した。「彼ら（イエスの協働者）が何らかの〝実存的〟また〝内在的〟に〝復活のイエスに出会う〟経験をし、……現実的で実に生々しい〝復活のイエス〟との出会いをしたと言わざるを得ない経験であった。そのことを否定し切れません」と（復活信仰の多様な理解については、264頁以下）。さらに、次の具体例を紹介し、今も以下のように確信している。アフガニスタンなどで命の危機にある人びとに医療活動をし、用水路作りを続けた中村哲医師は、決して戦いによるのではなく作物を育て、人の「いのち」をいつくしむ生き方を貫いて「平和」を求めた。にもかかわらず、彼の最後は銃弾によって殺されることになった。しかし、彼は今も人々の心に新しく出会い、その志は生きて継承されている。また、音楽家で平和運動家のジョン・レノンは凶弾《きょだん》で殺されたが、その死後に彼は新しく人びとと出会い、各自の心に実存的に内在し「生きている」。ハンセン病病歴者の友として生きた荒井英子さんは病に倒れ亡くなったが、新しく人びとの心に「起こされ、今もなお生きている」と。私がこの方がたを美化せず、そのように紹介し語ってきたが、従来の神学や教義における「キリスト」の復活理解、また信仰の教えとは異なるとの反論や非難を学者や同労者からも陰に陽に刃《やいば》のように突きつけられてきた。非難は辛いものがあるが、「批判」は受けとめたい。同時に、イエスは

「今自分に生きている」との「復活体験」の理解を、先に紹介した方がたが内在的・実存的に「今自分に生きている」という理解と共に、「自分のこと」として受けとめることはできる。

大切なことは、最初期のキリスト者が自分を圧倒《あっとう》する実存的な復活の出来事を経験し、イエスのみならず他の誰かに代わって与えられる「贖罪」ではなく、自ら「贖罪の人生」を生きる者として生き始めたことである。その「原体験」を人びとに伝えたのである。

原体験に押し出され

マルコによる福音書の文脈によると、最初にこの「原経験」をした人は父権制社会において「非人間化」されていた「女性たち」だった。彼女たちは、ローマ帝国によって「政治的犯罪人の一人」として晒し柱に括《くく》られたイエスを「遠くから」だが見届けた。そして彼女たちは、イエスの死後、彼が埋葬《まいそう》された墓に行き、葬りの香油を塗ろうとしたと物語は語る。「死者」に香油を塗ることは、ガリラヤでも葬りや埋葬の際の慣習だった。同時に、政治的犯罪人は埋葬されるどころか神殿近くの谷に放り投げられ野犬の餌食《えじき》にされることも少なくなかった。また、イエスをガリラヤから遠く離れた「墓に葬る」ことは歴史的信憑性《しんぴょうせい》が低い。とは言え伝承される物語は、山口里子さんが指摘するように、女性の行為がローマ・南ユダの男中心社会では「イエス」を「キリスト」また「王」と認める「預言者的象徴行為」であることを想起させる。それは「植民地支配下のユダヤ人にとって、政治的に大胆で危険な話し」だった（『マルコ福音書をジックリと読む』270頁）。また「香油や埋葬」については『マルタとマリア』249～252頁を参照）しかし「危険な行為」を犯してでもイエスに香油を塗ろうとしたのは女性たちだった、と民衆の物語は語る。

女性たちの行為は、「人間性」を否定されていた彼女たちの生き方を示す物語として、先ず女性によって伝承されたと思われる。著者マルコは、その伝承を福音書の最後に位置づけたとすれば、「マルコの物語世界では、〝男性・独裁者〟を社会の強者にさせて〝女性〟を家庭の従者にさせる帝国的父権制社会システムが、象徴的に転覆《てんぷく》される」（『マルコ福音書をジックリと読む』、295頁）との山口里子さんの指摘は、物語が示すことの的《まと》を射《い》ていると頷《うなず》ける。

物語は「墓」にイエスがいなかったと語る。この伝承は、歴史的な現実と同じことを象徴的に示す。死の場所である「墓」に彼は存在せず、その場に「若者」（「神の使者」を象徴）がいて、イエスは「神に起こされ」て「かねて言われた通り」あなた方より先に「ガリラヤ」に行き、そこで「お会いできる」と女性たちに告げる（マルコ16・1以下）。それが、彼女たちにとって「復活の使信」、また「イエスとの出会い」になった。彼女たちは「驚愕《きょうがく》と沈黙」を乗り超えて、葬りの場での経験を男性の協働者たちに伝えたと語る。さらに、その伝承を語り伝える民衆また福音書の著者たちは、イエスの「復活」のメッセージを各人各様に受けとめ語り始めたのだろう。

イエスの協働者は、「過去」のガリラヤに生きたイエスとの出来事を「記憶の核」として「想起」し、その経験をバックミラーに見るように「現在」のこととして受けとめ、その「記憶」に触発《しょくはつ》されてガリラヤに生きたイエスと新しく出会う「未来」に向かって自分の人生を再び「イエスの協働者」になって「今」を生き始めたと言えよう。

四　摩訶不思議な聖餐

1　神の一方的な「祝福と恵み」への「感謝」

境界線と分断、無資格者を生む信仰集団?

キリスト教に関心を持つ友人が、初めて某教会の礼拝に参加した時、「聖餐式」があったそうだ。後日、彼はこのような感想を述べた。「率直に言うと、教会の人は摩訶《まか》不思議なことをするものですね。小さく切ったパンを食べ、小さなコップに入ったぶどう酒を大事そうに飲み、イエスの体と血だと言うのだから奇妙な宗教だという印象を持ってしまう」と。また、牧師が「洗礼を受けた人だけが聖餐を受けられると言うのを聞くと、何と排他的《はいたてき》な信仰集団だろうと思った。受洗した人は皆、同じ理解を持っているのだろうか。信仰者の特権だろうか」と。

教会やキリスト教の外にいる人から見ると、「イエスの食卓・聖餐」は「摩訶不思議な行為」と思うのも無理はない。また、受洗した人びとも「聖餐の意味」を多様に理解して聖餐を受けていると思う。牧師は「式文」を読み、「受洗」が聖餐を受ける「条件」のように告げるのも現実だろう。たとえ「式文」の文言に含みを持たせて曖昧《あいまい》に語っても、キリスト教が「排他的な信仰集団」に思うと言われて当然かもしれない。友人の率直な感想を聞くと色々なことを考えさせられる。

私自身、受洗前に言われたことを思い起こす。色々な人が「山口さんもいつか恵みの聖餐にあずかれる時が来ますように祈っています」と。その方がたの優しさと祈りがあったことを感謝している。しかし、「洗礼」が「条件」のようになっている限りは、小学生の時から優等生のように休まず礼拝をささげ、大人の礼拝でも讃美歌を歌い、メッセージ（説教）を聞き、献金をささげているのに、私は受洗前に「聖餐」を共にできなかった。「条件」にかなわない「無資格者」の側《がわ》にいると、「聖餐」や教会の方がたと自分との間に目に見えない「境界線」があり、分断と排除感などを感じさせられる聖餐の時と場になる。とても「感謝」とは思えない。「それは差別ではなく、区別です」と言われても何の意味もない。護教的な信仰的説明と神学的解説を聞いても理解不可能。それは、友人が感じた「聖餐」への疑問に結びつき、イエスが示した「感謝」の「「共食と共生」の食卓からはほど遠い「聖餐」である、という感覚と同じかもしれない。

聖餐の心棒 —— 感謝と信頼

イエスの五千人・四千人と少しのパンと魚を分け合う「あり得ない共食と分かち合い」の出来事を見ると、「最後の晩餐」の場合と同じイエスの言葉と所作を示していることに気づく。イエスは、先ず神に「感謝」(ユーカリスティア)と祈りを持って食を共にする。性別、出自、年齢、宗教などの違いを超えて、分け隔てや区別をしない。律法の価値基準による「資格」も一切問わない。

ここで思い起こすことは、詩人ゲーテが(Johann Wolfgang von Goethe, 1749 - 1832)「涙と共にパンを食べた者でなければ……天の力が分からない」と記した言葉である(『ヴィルヘルム・マイスターの修業時代』第2巻13章。「天の力」に代わりに「人生の味は分からない」と告げたとの説もある)。この言葉は、ガリラヤの人びとが飢え渇く苦しみの中で「涙と共に」一切れのパンを分け合い、「感謝と喜び」また「苦しみ」をも噛《か》みしめて「共生」しようとした現実に響き合うと思う。

私たちは、イエスの「食卓・聖餐」に、ゲーテの言葉やガリラヤ人の現実に結びつくイエスの使信が顕著《けんちょ》に現れていることを知らされる。それは、社会体制や宗教の信仰的価値基準によって分断される「無資格者」を排斥しない「神の国の宴」を象徴する「共食と共生」の実践である。その行為は、一切の条件や規則に縛《しば》られず、あらゆる人に「開かれている」ことが重要である。

当然だが、聖餐を受けたくない人やその意味を理解できないので「聖餐」を辞退《じたい》したいと思う人に強いるものではない。大切なことは、誰にも「閉じられていない」ことである。イエスの「憐れみ・ちむぐりさ」と神への「感謝」が、彼の「感謝の食事・聖餐」を貫く心棒になっている（詳細は筆者の編・著『聖餐の豊かさを求めて』、特に七章）。

イエスやキリスト、神、またキリスト教や教会の在り方について完全に理解できる人はいないだろう。しかし、私たちには「いのちの尊厳と人権」があり、互いに「肯定・受容」し合い、相互に「生きる」をいつくしみ合う生き方を求めて生きようとすることはできる。すべての人に「開かれた聖餐」を「感謝」して共に受けることができる。その「聖餐」の核心を受けとめるならば、「共食と共生」を妨げる「社会悪と宗教悪」の暴力に抗うイエスの言動は極めて重要で革新的である。私たちは、事の大小を問わず、イエスの生き方と思想の継承と実践が求められているのではないだろうか。

聖餐の儀式化と変容

諸福音書や使徒行伝2章46節以下によると、最初期の教会の中にイエスのメッセージを受け継ぐ多様な集会や教会が存在したと理解できる。「食材」をめぐっても色々な聖餐の方法や在り方があった。しかし、イエスとパウロの死後、①「正統意識」を持つ「初期カトリック教会」の成立後、紀元1世紀末頃には、イエスの晒し柱による死が人の「罪の赦しと贖罪」であるとの意味づけが強化され、イエス・キリストの自己犠牲による贖罪信仰と共に「儀式化・神学化」されていった。②「洗礼」もまた、その頃からキリスト者が「共同体の同胞」であることを確認する「入団儀礼」の意味を持ち始めている。③2世紀頃から、イエスの食卓・聖餐は正統的キリスト教において「受洗」した人に「限定」され、「受洗者のみ」という「条件付き」の「閉じられた秘義《ひぎ》」（ミュステリオン）に変容《へんよう》している。聖餐について、「聖なるものを犬に与えてはならない」という教えを含む『十二使徒の教訓』（ディダケー 9・1〜5。1世紀後半〜2世紀初頭に成立した「教理問答」の一つ）さえ作成されている。

私たちは、「聖なる儀式」の側面を持つ聖餐や洗礼が「秘儀」として「神聖化・神秘化」され、イエスの「感謝」の食卓との間にギャップが生まれたことを真摯《しんし》に受けとめたい。「イエスの食卓・聖餐」は、彼の「共食と共生」の具体化や処刑死の現実と離れ、「キリスト者のエリート化」を生んだとさえ言えないだろうか（詳しくは、『聖餐の豊かさを求めて』）。

現代に至るカトリック・プロテスタントの諸教会、諸教派の教師・神学者は、結局のところ護教的な神学や教理の理解と解釈に聖餐を「閉じ込めている」としか思えなくなる。何を恐れて、イエスが「神の国の宴」として示した「共食と共生」の豊かさを「護教的な信仰の価値基準」によって「閉じる」のか。「イエスの食卓」は、あらゆる人を招く「開放的で包含的」な「共生」

を生む「共食」の具体化を示すと受けとめたい。

2.「最後の晩餐」を伝える人びと

イエスを胃袋にたたきこむ

現代社会において、互いの違いと多様性を受け入れ合う聖餐を行い、どの人も排除・排斥せず「福音を生きる」ことは、たとえ同労者から非難を受けても重要な生き方である。このことは、決してキリスト教に留まらない。私たちは多様な宗教や価値観が共存する社会、また各自が生きる場で「開放・解放的な時と場」を生み出す生き方を具体化して生きたいと思う。あらゆる宗教は、その生き方を求められているだろう。

一つの具体例として、中森幾之進牧師の生き方の一端を紹介したい(1981年に77歳の生涯を終える)。中森牧師は、日本の三大寄せ場の一つである東京の山谷《さんや》で日雇い労働者や路上生活者と共に生きた方である。

寄せ場に生きる人びとの多くは現在、社会の隅《すみ》に追いやられ老齢化のために日雇いの仕事もなく、辛い日々を生きている。病気になっても病院に行けない人もいる。また、寄せ場に限らず全国の至る所に、自分の「居場所」を持てない若者がいる。身を売って生きる少女さえいる。キリスト者や仏教者を問わず、色々な人による炊き出しやボランティアの働き、医療や看護スタッフの参加を必要する現実がある。

中森牧師は、他宗教や無宗教の人と協働して生きると共に、山谷のアパートの6畳間を「山谷伝道所」と呼び、寄せ場に生きる方がたと礼拝をささげていた。私が学生時代のある時、神学校に某神学大学の教授が講師として「現代社会と神学」の授業をしていた際に、私は山谷の現実と中森牧師の働きなどの話と共にいくつか質問をした。すると教授から、「山口君、社会問題に関わると道を誤るから勉強に励んでください」とのお勧めをいただいた。私には「社会問題」に携《たずさ》わっているつもりは毛頭なく、勉強にも励み、「道を誤る」などと考えてもいなかったので、教授の「お勧め」を驚きと共に理解できなかった。現在ならば、「やるなら〝今〟でしょ」と言いたい。そもそも「伝道と社会」の問題に携わることを二元論に分けることに「否」を言わざるを得ない。

中森牧師は、毎週の礼拝で山谷に生きる人びとと「イエスの食卓・聖餐」を共にし、ある時このように語っていた。「イエスの恵みはちっぽけなものではない。とてつもなく、でかいものだ。世界一小さなこの教会では、聖餐で大きなパンを分け合い、ワインは安物のジュースだがコップは少し大きい物を使う。かくして礼拝でいただくイエスの恵みの食事は、腹に染《し》み渡る」と（「アルコール中毒」からの解放を求める人に配慮しつつ）。この食卓・聖餐の時と場は喜びと笑いに包まれ、たまに「議論」（言い争い）も起きた。しかし、一朝一夕《いっちょういっせき》にそのような聖餐を行う教会になったのではない。同労者であるはずの牧師や学者に批判に近い非難を受けることも多かったそうだ。特に教派的神学や伝統、組織や秩序また規則を絶対化して声高に主張し、中森牧師とその教会の方がたの在り方を否定・排斥する意見を言う人も少なくなかった。「批判」自体は歓迎である。しかし、「否定」は自己絶対化を示し、非難はなおのこと暴力と言わざるを得ない。しかし中森牧師はその否定や暴力に抗いつつ、教会に集う方がたと共に、あらゆる資格や分断を超えてイエスの「共食と共生」を具体化する「教会共同体」を形作っていた、と私の「記憶」に刻まれている。そして何よりも、その方がたが抱える哀しみと共に満願《まんがん》の笑顔を見せていたことを忘れられない。

聖餐や教会の在り方がどのような理解や方法であれ、そこには「感謝」がある。しかし、どれほどの権威者であっても、誰であっても、自分たちの聖餐理解また教会の在り方などの神学的・信仰的理解を「絶対化」し、他の理解や在り方を「否定」し自己絶対化してはならないと思う。

しかし「宗教」が示す暴挙《ぼうきょ》の一例として、暴力に抗う連帯の思いを込めて記すが、日本最大のプロテスタント教団の権威者・為政者・神学者は、教団の「規則」や神学的理解を基に、ある教会の方がたが長い対話を通して決断し、あらゆる人に「開かれた聖餐」の実践をしていた「教会の在り方」を否定し断罪した。加えて、その教会の方がたと共に「福音を生きる」働きをしていた牧師の牧師職を剥奪《はくだつ》し、その「人権と生存権」をも否定・排斥したままである。主流を成す同労者は、黙認・黙殺するかのように声を挙げない。その言動は信仰の名による「自己絶対化」であり、「生きる」をいつくしみ合う生き方と言えるだろうか。私には、イエスの生き方と乖離《かいり》しているとしか思えない（私はこれまで様々な集会や機会、また執筆によって実名を挙げて主張してきたので、本書ではキリスト者を越えた読者を想定し、「宗教の暴力」を示す例として示し、あえて教会名や牧師名を記名しない）。

山谷の小さな教会は、あらゆる人に開かれた「共食と共生」の時を通して、自らをささげた自己犠牲の死ではなく、政治的・宗教的権力者によって晒し柱の処刑死に極まるまで生きた「イエス」を「胃袋にたたきこむ」共同体として社会の片隅に生きていた、と私は思う。その意味で、山谷の教会共同体のみならず、教団の権威者やその姿勢に同調する主流派の人びとから排斥されている教会の方がたを支え、また牧師職を剥奪《はくだつ》されている牧師と連帯する方がたは、イエスの「社会悪と宗教悪」に抵抗する生き方に連なっていると言えよう。また、「最も小さくされている者」（マタイ25・40）との「生きる」をいつくしみ合う生き方を具現化しようとして生きていると特筆したい。その「福音を生きる」生き方がある限り、「希望の未来」は決して失われることはない。

垣根を超えた共生

イエス時代のローマ帝国また神殿を頂点とするユダヤ教は、ピラミッド型の階級社会、男中心の父権制社会を形づくっていた。イエスも基本的にガリラヤの父権制社会の中で育ち、その在り方を払拭《ふっしょく》できずに生きていた。しかし彼もまた、前述のようにギリシャ人女性によって様々な垣根を超える生き方を促《うなが》された人だった（マルコ7・24～30。本書六章二の1「イエスとギリシャ女性の〝主客転倒〟の出来事」）。彼は、「共食と共生」の実践を通して父権制社会と宗教システムが生み出す暴力に抗う生き方を、彼女によって強められたのだろう。

イエスは最後の晩餐の後に、ローマ世界の為政者や神殿国家体制を基盤にする宗教権威者による弾圧、またイエスの協働者や多くの人びとの黙殺と黙認の中で、処刑によって死んだ。否、「惨《ざん》殺《さつ》された」のである。しかしその後、先に述べたようにイエスと決別した人びとは内在的・実存的に新たにイエスに出会い、自分の内に確かに「今、起こされ生きている」という経験を与えられた。その経験に促されて人生の方向転換（メタノイア・悔い改め）をして生きたのである。

私たちもまた、自らの人生の旅においてイエスの生き方、また彼の「遺言」とも言える「遺志」を受け継ぎ、諸宗教やあらゆる垣根を超えて共に生きることが求められている。どれほど社会が「闇と暴力」に閉じ込められていても、私たちが多様な人と「共生」できる「平和」の具体化の道を拓き、社会の「一隅を照らす光」として「自分の人生」を生きていきたいと切に願う。

その生き方が、互いに「生きる」をいつくしみ合う喜びと未来に必ず繫がることを信じて！

主な参考文献（直接・間接に参考にした主な邦語・邦語訳文献を挙げる）

・アルベール・カミュ『シーシュポスの神話』清水徹訳 新潮文庫 1961年
・池田裕『旧約聖書の世界』三省堂 1982年（改訂 岩波現代文庫 2001年）
・上村静『旧約聖書と新約聖書――「聖書」とはなにか』新教出版社 2011年
・片桐頼継『よみがえる最後の晩餐』NHK出版 2000年
・神野直彦『「分かち合い」の経済学』岩波新書 2010年
・川島貞雄『十字架への道イエス――マルコによる福音書』講談社 1965年
（版権は日本キリスト教団出版局に移行 1997年）
・――『聖書における食物規定―イエスを中心として』教文館 2016年
・『ギルガメッシュ叙事詩』月本昭男訳 岩波書店 1996年
・小出裕章『地震列島の原発がこの国を亡ぼす』産学社 2024年
・『古代オリエント集』筑摩書房 1980年
・齋藤小百合「空洞化が進む、20条と9条」朝日新聞の記事 2024年3月21日発行

——「〝暴力〟に抗うということ」『福音と世界』新教出版社 2024年8月号
・坂口聖子「戦争準備が進められる宮古島から復活を考える」日本キリスト教団部落解放センター通信32号 巻頭言 2024年4月1日発行
・『止揚』50号 止揚学園出版 1990年
・城崎進、他共著『創世記』日本キリスト教団出版局 1970年
・J・D・クロッサン『イエス：あるユダヤ人貧農の革命的生涯』太田修司訳 新教出版社 1998年
・関根清三『旧約聖書の思想』講談社学術文庫 2005年
・高木善之監修『忍び寄る食糧危機』栄光教育文化研究所 1999年
・高橋哲哉『記憶のエチカ——戦争・哲学・アウシュヴィッツ』岩波書店 1995年
・——『靖国問題』ちくま文庫新書 2005年
・——『犠牲のシステム 福島・沖縄』集英社新書 2012年
・——「断てない、戦前との連続性」朝日新聞の記事 2024年3月21日
・高柳富夫『いま、聖書をよむ——ジェンダーによる偏見と原理主義の克服をめざして』梨の木舎 2004年
・滝澤武人『イエスの現場——苦しみの共有』世界思想社 2006年
・——『マルコの世界——イエス主義の源流』日本キリスト教団出版局 2001年

・ダニエル＝ロプス『イエス時代の日常生活 2』波木居斉二・波木居純一訳 山本書店 1972年
・ハーマン・ウォーク『ユダヤ教を語る』島野信宏訳 ミルトス 1990年
・浜崎 眞実 暁天法座講演「〃救らい〃意識による差別事象から信仰のあり方を見直す」～マイクロアグレッションを補助線として～ 金蔵寺（真宗大谷派、三重県）2023年7月20日
・原徳子「イスラエル・ユダヤ食文化」インターネット・ブログ
・フラウィウス・ヨセフス『ユダヤ古代誌』5、6 秦剛平訳 ちくま学芸文庫 2000年
・R・ホースレイ *Galilee: History, Politics, People*, Pennsylvania: Trinity Press International, 1995.
・R・H・ホック『天幕づくりパウロ――その伝道の社会的考察』笠原義久訳 日本キリスト教団出版局 1990年
・源淳子、他共著『現代の「女人禁制」――性差別の根源を探る』解放出版社 2011年
・メアリー・ダグラス『汚穢と禁忌』塚本利明訳 ちくま学芸文庫 2009年
・H&A・モルデンケ『聖書の植物』奥本裕昭編訳 八坂書房刊 1991年
・柳田國男『明治大正史世相篇 新装版』新装版、講談社学術文庫 1993年
・山我哲雄『旧約新約 聖書時代史』佐藤研共著 改訂版 1997年
・山口里子『マルタとマリア――イエスの世界の女性たち』新教出版社 2004年
・――『新しい聖書の学び』新教出版社 2009年

・――『イエスの譬え話――いのちをかけて語りかけたメッセージ』２　新教出版社　２０１７年
・『食べて味わう聖書の話』オリエンス宗教研究所　２０１８年
・――『マルコ福音書をジックリと読む――そして拓かれる未来の道へ』ヨベル　２０２３年
・山口雅弘『イエス誕生の夜明け――ガリラヤの歴史と人々』日本キリスト教団出版局　２００２年
・――『よくわかる　新約聖書の世界と歴史』日本キリスト教団出版局　２００５年
・――「〝福音を生きる〟可能性への誘いとして」――本田哲郎氏の〝キリスト教を卒業しなければ……〟への応答」、『福音と世界』新教出版社　２０１５年12月号
・――「〝人の子には枕する所もない〟――〝居場所〟を奪われた人びととイエス」『福音と世界』新教出版社　２０１６年7月号
・――「イエスとパンの分かち合い」カトリック『福音宣教』２０１７年10月号
・――『ガリラヤに生きたイエス――いのちの尊厳と人権の回復』ヨベル　２０２２年
・――「荒れ野の洗礼者とイエス」『信徒の友』２０２３年12月号　日本キリスト教団出版局
・山口雅弘編・著『聖餐の豊かさを求めて』新教出版社　２００８年
・W・A・ミークス『古代都市のキリスト教――パウロ伝道圏の社会学的研究』加山久雄監訳／府川悦子・挽地茂男訳　ヨルダン社　１９８９年

あとがき

「群れを嫌い、権威を嫌い、束縛を嫌う」。なぜか今、テレビドラマの主人公を描くこのキャッチフレーズを想い起こす。主人公は、医師として他の医師が断念する絶命寸前の人の「命と人生」の回復のために全力を注ぐヒロインである。そのために、病院内外の権威・権力者の支配や欲得などに抵抗して生きようとする。私は今、そのヒロインに重なるように、ガリラヤに生きたイエスの生き方と思想と、彼の「実像」の一端《いったん》を見出している。彼は、社会的・宗教的権威・権力者の権力欲と支配の暴力により「非人間化」されていた人の「命と人生」の回復を求め、人の「生きる」をいつくしむ生き方を貫いた。そのために彼は、権力者に抗う生き方を避《さ》けることができなかった。しかしイエスには、少数の「協働者」がいた。

ドラマの主人公もまた、孤高のヒロインではない。わずかだが「仲間」と共に人の「いのちの尊厳」の回復に向き合い、人の「生きる」を限りなくいつくしみ生きようとした。おこがましい限りだが、私自身の生き方を振り返ると、組織に属さざるを得ない一員だったが、「群れを嫌い、権威を嫌い、束縛を嫌う」ささやかな歩みをしてきたと思う。イエスの生き方から乖離し「宗教の独善性」に陥《おちい》っているると思わざるを得ない現実に抗う言動をしてきた。それだけに、陰に陽に「批判?・」や非難を受けてきた。「批判」し合うことは対話に不可欠である。しかし、「批判者」は自らの信仰や聖書理解を無意識にでも絶対化し、「異端」に対するように「否定」を込めて主張し排斥しようとする現実に直面すると、辛いものがある。「対話」することすら避けて自らの旗幟《きし》を示さず「無視」を続け、結局は体制の陰に隠れる人の現実も哀しい。

にもかかわらず私は、これまでに出会った大切な友がいる。各自の立場や置かれた状況に違いはあるが、共に学び、語り、理解し合い、互いに良き批判者である。さらに、友との関わりの中で、福音書に伝えられる民衆の物語が示す「ガリラヤに生きたイエス」の「生の姿」を探求してきた。イエスまた友の「いつくしみ」に支えられてきたからに他ならない。

イエスの生き方と思想は、社会的・宗教的権威・権力者の暴力によって強いられ、「いのちの尊厳と人権」を奪われ、「非人間化」される人との「共食と共生」の具体化を求めるものだった。同時に、「社会悪と宗教悪」に「非暴力」で抗う彼の「抵抗の生き方」に固く結びついていることに注視し、本書を書き進めてきた。

本書の執筆中に心に刻んでいた問題意識は、聖書を哀しい現実に満ちた現代社会においてどのように読み解くか、またイエスの生き方と思想を多くの方がたと共有したい、ということだった。そのために、聖書外の古代文書《もんじょ》や資料また様々なジャンルの著作からも学び、私の経験をも交《まじ》えて本書を理解し易くする努力をしたつもりである。また、古代に生きた一人ひとりの息づかい、社会と宗教の諸悪によって強いられた貧困や差別・排斥に苦しめられ、「人間性と生存権」を否定された人の悲痛な「声なき声や叫び」を聴き取ろうと務めた。

しかし、時空を超えて古代人の「生の声」を現代に回復することは至難《しなん》の業《わざ》である。「イエスの実像」を追求するほどに、「専門家による専門家のための専門書」にならないように、学術的内容と専門用語を多用して読者を「煙《けむ》に巻《ま》かない」ように努力をして執筆を試みた。また、歴史の現場に生きた「人間の実態」を回復し、「人間学」の視点を失わずに本書の課題を追い求めてきた。「人間学」による観察と洞察に基づくイエスの人間像を求める探求は、当然ながら「社会学」や「歴史学」などの学びを抜きにできない。イエスや当時の人びともまた、社会や歴史に起きた出来事の影響を受けて生きていた「生《なま》の人間」だからである。そのようにして、歴史に生きた人びととイエスとの「共食と共生」の生き方と思想、またイエスの実像を探ることが、古代と現代を繋《つな》ぐ責務であると思うようになった。キリスト者である・なしを問わず、私たちが現代の社会的・宗教的な暴力に抗って生きるためである。

世界の現実を見ると、イエスの「共食と共生」の実現は程遠いとしか思えなくなる。その現状において、互いに「生きていける存在」としていつくしみ合う生き方を求め、非暴力による「平和」の実現を求める課題は、あらゆる知恵と努力を用いて社会変革を求める最もヒューマニズムな生き方になるだろう。その課題を儚《はかな》い「夢」に終わらせてはならない。それゆえに、私たちは「思考停止」にならずに、前向きで生産的な批判精神を持って生きていきたい。先ずは、日常的な「食品ロス」を認識し、その現実を無くす日々の生き方から始めることができる。このことは気が遠くなるような課題だが、「涓滴《けんてき》、岩をも穿《うが》つ」（水の一滴《いってき》でもいつか岩に穴をあける）ように、暴力と死が支配する世界の只中で「いのち輝くひまわり」が芽生えることを求める「未来」に向かいたい。その生き方は、私たちの日常の生活に関わっている。このことを忘れたくない。

本書の主張をどのように受けとめてくださるかは、読者の方がたの判断に委《ゆだ》ねる他ない。読者の方がたは、共感や共鳴、同意や賛同、また批判や反論、疑問を持たれると思う。私の主張と違って、本書で述べたことが異なる「伝聞」として一人歩きすることもあるだろう。その思いを抱きながら、原稿を何度も書き直し出版社に提出しても、意を尽くせず「未完成である」との思いを拭《ぬぐ》い切れない。それでも、私の執筆目的、問題意識や視点を少しでも共有していただけると幸いである。読者の方がたが、各自の人生において社会の「一隅を照らす光」になり、本書で示したテーマを自ら考え、学び、語り合い、新しい一歩を踏み出すことができればこれに優《まさ》る喜びはない。

本書は、おそらく私の「最後の本」になるだろう。これまで出版した著作ではあまり触れなかったが、私の日々の仕事や学び、様々な実践や活動、執筆や出版について最も良き理解者であり、直接・間接に厳しくも前向きな批判者であり続けている連れ合い・協働者の里子さんに心から感謝を述べておきたい。

出版に際し、ヨベルの安田正人さんにご尽力《じんりょく》いただいたことを感謝したい。安田さんは、出版業界の厳しさの中で出版することに努力し、情熱と祈りを持って携《たずさ》わっておられることに敬服している。また私の希望を受けとめて、前著に続き本書の表紙などを装丁していただいた長尾優さんに感謝の思いを述べたい。今、多くの方がたに読んでいただきいとの願いをもって本書を世に送り出したい。

心からの感謝と共に。

２０２５年１月２日

山口雅弘

【書評再録　週刊読書人２０２２年６月３日　第３４４２号】

いのちの尊厳と人権の回復を求めた生
キリスト教の根源的な問いなおし

山口雅弘著『ガリラヤに生きたイエス
——いのちの尊厳と人権の回復』
新書判・三三六頁・定価一六五〇円

廣石望氏

宗教は、悩みをもつ人が心の平和をえるのに役立ちはするが、時の政治権力と結びつくとき、やすやすと戦争の片棒を担ぐものになりうる。後者の例は現在、プーチン政権によるウクライナ侵攻を強力にサポートするロシア正教、とりわけモスクワ総主教キリル１世の姿に見ることができよう。同じことは、イラク戦争（２００３－２０１１年）を開始したブッシュ政権を熱烈に支持した、米国福音派のプロテスタント・キリスト教にも当てはまる。

長年、牧師また神学教師として働いた著者は、本書で以下のような問いを立てる。ガリラヤ地方に生き、首都エルサレムで晒《さら》し柱（十字架）の刑に処されたイエス、また彼の弟子たちは、もともとは社会権力から「迫害されていた人々」であったのに、なぜそこから生まれたキリスト教が後に「迫害するキリスト教」になったのか。イエスの処刑直後はちりぢりになっていた弟子たちが、女性弟子たちの促しをえて、イエスの運動を継承するようになったのは、どのような経緯によるのか。また、なぜ二世紀に至るキリスト教は「正統と異端」に分裂したのか。さらに四世紀に至るキリスト教の中で、なぜイエスは「キリスト」「神の子」「救い主」その他の称号を介して、ついには三位一体の第二位格へと「神格化」されていったのか。そして、イエスの本来の生き方とは真逆のものに変わり果てたキリスト教は、社会悪を温存し、女性や貧者を含む弱者を排斥するシステムを助長するものとなってはいないか。

これらの問いは、いずれもたいへん大きな問いであり、そのすべてに学問的に精緻な答えを与えることが、本書の本来の目的ではないであろう。従来のキリスト教が自らを絶対視することで社会の抑圧者、資源の略奪者、他者への差別者となってきたこと、少なくともそれに加担してきたことを著者は率直に認める。そして、いわゆる正統的キリスト教がイエスを神話化し、信仰の対象に据えてきたことそれ自体がキリスト教の変質をもたらしたのではないかと問う。そうした権威主義的なシステム化を廃し、イエスの生き方の核心を「命の尊厳と人権の回復」に見定めることで、キリスト教の「新生」を促すためにこそ、上記のような問いが立てられるのである。

もちろんイエスに関する歴史的な解明もないがしろにされない。彼の故郷であるガリラヤ地方は、ローマ帝国とその傀儡であるヘロデ王朝、そしてユダヤ教神殿国家体制による「三重の支配構造」の中にあった。その社会悪にイエスは、非暴力的な「共食と共生」を軸とする「神の国」運動で対抗した。この地域には家族共同体、中庭共同体、さらには異民族を包摂する互助習慣があり、そこから輩出した暴力的抵抗運動にも地域住民の支持があった。家を離れて「旅」に出たイエスが行った悪霊祓いや治癒奇跡は、宗教的差別と社会的病根からの解放の実践に他ならない。それは「存在の根拠」としての神に拠りつつ、非人間化された人を癒し、同時に人と社会・宗教システムの罪責性をあからさまにするものであった。そのように生きたイエスが生涯の最後に受けた「晒し柱」の処刑は、人類救済のための「贖罪の死」であるより前に、何よりも当時のローマ帝国が「強者の論理」に基づいて被支配民に強要した「犠牲システム」に属していた。虐殺されたイエスの「復活」は、アフガニスタンで井戸を掘り続け、ついに銃弾に斃れた故・中村哲医師が、その死を超えて当地の諸宗教の人々の心に「いま、共に生きている」という現実に類比的であると著者は言う。それは「弱さを絆に」連帯することへ私たちを促すであろう。

本書は、著者が長年交流のある憲法学者、社会実践家、カトリック司祭、プロテスタント聖書学者たちとの対話から生まれた。自らを「市井の研究者」と称する著者の議論には、専門研究から見るとたしかに一面的と思われるところもある。それでも、旗幟鮮明な著者の問いかけは、圧倒的な迫力に満ちた現代イエス論である。

（ひろいし・のぞむ＝立教大学教授・新約聖書学・原始キリスト教史）

【書評再録　本のひろば２０２２年７月号】

現代の新しいキリスト教解体新書

清水和恵氏

半世紀前の話に遡る。著者が北海道で牧師をされていた時、学生たちに語った言葉が忘れられない。「聖書に書いてあることは本当にあったと思うかい？　聖書はね、神話や物語が書かれてあるんだよ……。」その時、大変な驚きと衝撃を受けた。当時、そのようなことを言う牧師はいなかった。いえ、ただ単に出会えてなかっただけかもしれないが、「聖書に書いてあることは、みんな正しくて、そのとおりにあった事と素直に読まなければならない。」といった類はよく耳にした。

だが著者は、聖書に対して「なぜ、どうして？」の問いや自分自身の考えを大事にしつつ、聖書を歴史的に批判的に（否定的にではなく）想像力をもって読むことの豊かさを示してくださった。その聖書への向き合い方や読み解きは、本書においても随所に発揮されていると思う。

本書はガリラヤにおけるイエスの生き方の核心に迫ることを念頭に、主な関心事を3点あげている。その**第一**は、1世紀にパレスチナのガリラヤで生きたイエスの「歴史的実像」を探求し、なぜローマ帝国の極刑である「晒《さら》し柱」（十字架）の死に至ったか。**第二**はイエスの処刑後、どのような変遷を経て「迫害されていたキリスト教」が、4世紀末にローマ帝国の「国教」として成立したか。さらになぜ「迫害」する宗教に変質したのか。**第三**は、一人ひとりの固有な「いのちの尊厳と人権」を回復することを明示し、わたしたちがイエスの「生き方の核心」を受け止めて生きることの不可欠さとキリスト教の「新生」の道をどう示すかである。

著者はイエスを知る上で、ガリラヤに焦点をあてて論述している。イエスが生まれ育ち活動したガリラヤとはどのような地であったか、その歴史的、政治的、経済的、宗教的、文化的な背景に着目し聖書学のみならず、考古学、歴史学、社会学、文化人類学などの諸研究を援用してガリラヤに生きたイエスや人々と、その時代状況を探求している。

つまり「ガリラヤを知ることで、イエスとキリスト教がわかる」を丁寧に示しつつ「いのちの尊厳と人権の回復」を重層的に論じている。さらに北イスラエルの宗教伝統を語り継ぎ、権力者の暴力的支配に対して、抵抗の魂を持ち続けたガリラヤの人々や、父権制社会にあって女性たちや力なくされた人たちが、イエスと共に抑圧に屈せず、喜びと希望を共有しようとしていた姿を描写しているところに筆者は魅かれる。

本書は現代の新しい「キリスト教解体新書」として書かれた。その執筆動機を著者は『旧態依然とした神学と権威・権力を保持した現在の「正統的キリスト教」を「解体し」歴史に生きた「イエスの生き方の核心」に立ち戻って「キリスト教の在り方」を問い直したい』（318頁）と述べているが、イエスに対する新しい視野を広げるだけでなく、これからの教会とキリスト教の在り方について問いを発していることに注目したい。

また、この「キリスト教解体新書」は手軽に持ち運べて、どこでも読むことができる「新書」となって登場した。テーマ・内容は重厚で骨太であるが読みやすい。

さまざまな人が手に取り、豊かな対話の糸口となることを願う。

本書はガリラヤに生きたイエスとその時代の人々と、わたしたちのこれからに出会う旅へいざなう新しくてワクワクするガイドブックである。

（しみず・かずえ＝日本基督教団 新発寒教会牧師）

山口雅弘（やまぐち・まさひろ）

1948 年、札幌生まれ。日本聖書神学校、エピスコパル神学校（神学修士)、ハーバード大学神学校などで学ぶ。日本キリスト教団札幌教会（副牧師)、岩見沢教会、栗山教会（兼務)、まぶね教会、大泉教会、稲城教会を牧会。日本聖書神学校で新約聖書学講師(2000~2014 年)。現在、日本キリスト教団引退教師。

主な著訳書

『イエス誕生の夜明け ― ガリラヤの歴史と人々』(2002)、

『よくわかる 新約聖書の世界と歴史』(2002)、

L. ウィリアムソン『マルコによる福音書：現代聖書注解』

（以上日本キリスト教団出版局、2006）

『聖餐の豊かさを求めて』（編・著、新教出版社、2008）

M. ディベリウス著・H. コンツェルマン改訂増補

『牧会書簡注解：第 1・第 2 テモテ書、テトス書』（教文館、2021）

『ガリラヤに生きたイエス ― いのちの尊厳と人権の回復』

（ヨベル、2022、2023²）ほか。

日本音楽著作権協会（出）許諾第 2409409-401 号

ヨベル新書 101
「生きる」をいつくしむ
ガリラヤに生きたイエスの「共食と共生」

2025 年 2 月 1 日 初版発行

著　者 ── 山口雅弘
発行者 ── 安田正人
発行所 ── 株式会社ヨベル　YOBEL, Inc.
〒 113-0033 東京都文京区本郷 4-1-1-5F
Tel 03-3818-4851　FAX03-3818-4858
e-mail：info@yobel. co. jp

印刷 ── 中央精版印刷株式会社
装幀 ── ロゴスデザイン：長尾 優
配給元──日本キリスト教書販売株式会社（日キ販）
〒 112 - 0014　東京都文京区関口 1 - 44 - 4　宗屋関口ビル
Tel 03-3260-5670　FAX03-3260-5637
　ISBN978-4-911054-35-2 C0216

聖書の引用は、『聖書　新共同訳』（日本聖書協会）等を用いています。